中央高校基本科研业务费专项资金资助项目
（项目编号：2021JBWZ007）研究成果

URUGUAY
ANNUAL REPORT

乌拉圭年度报告
(2020—2021)

主编 佟亚维 王珍娜

上海社会科学院出版社
SHANGHAI ACADEMY OF SOCIAL SCIENCES PRESS

《乌拉圭年度报告(2020—2021)》编委会

荣誉主编：耿纪永

主　　编：佟亚维　王珍娜

课题组成员（以姓氏拼音为序）：
　　　　Georgina Pagola[乌拉圭]　Liber Di Paulo[乌拉圭]
　　　　褚立东　贺双荣　李蓓儿　刘　莹　佟亚维
　　　　王珍娜　张笑寒　赵　术　赵　挺

序　言

　　党的十八大以来，我国的区域国别研究进入新阶段，"一带一路"倡议的持续稳步推进，助力了区域国别研究的迅速成长，国内各高校纷纷设立研究基地，各类研究中心势如破竹。自2011年教育部推出"国别和区域研究培育基地"项目以来，已经初步完成了全面覆盖世界各个国家和地区的目标。区域国别研究是跨学科交叉融合的综合领域，针对特定国家或区域有关人文、地理、政治、经济、社会、军事、民俗等议题进行的全面深入研究，是一个国家由地区走向全球、深入观察国际局势、构建本国战略的"大国之学""时代之需"。

　　历经改革开放逾40年的发展，中国已跃升为世界第二大经济体，国际地位不断提升，影响力日益增强。作为一个正在崛起的世界性大国，对解决地域性及全球性的问题上能否提出有说服力的中国话语、提供有效的中国方案，对于中国甚至全世界都至关重要。当前世界面临百年未有之大变局，国际局势风云变幻，我国的国际角色也在发生深刻变化，准确把握国际形势、精准制定国际战略的国家需要赋予了区域国别研究更多的政治意义、时代意义。高校国别和区域研究工作秘书处主任罗林教授说，"深度破解世界各国的'文化密码'和'历史基因'，促进中国智慧与世界文明的交融互构，为新时代的全球治理方案提供智力支持，推动构建人类命运共同体，是区域国别研究的时代命题"。正如习近平主席强调的，"一个没有发达的自然科学的国家不可能走在世界前列，一个没有繁荣的哲学社会科学的国家也不可能走在世界前列"。一个全面的区域国别知识体系会帮助中国更好、更稳地走在世界舞台的中央。

　　当前我国的区域国别研究出现重大国、轻小国，重核心、轻边缘，重政治安全与外交、轻经济社会文化研究的特征，乌拉圭国别研究很好地弥补了这一缺陷。乌拉圭地处南美洲东南角，以其宜人的自然风光和安定的社会环境，素来享有"南美瑞士""钻石之国"等美誉。中乌自1988年建交以来，关系发展顺利，两国保持各层次往来，在国际事务中相互理解和支持。2016年，中乌建立战略伙伴关系。2018年，中乌签署《中华人民共和国政府与乌拉圭东岸共和国政府关于共同推进丝绸之路经济带和21世纪海上丝绸之路建设的谅解备忘录》。2020年，中国是乌拉圭最大贸易伙伴、第一大出口市场和第二大出口来源地。2022年7月，乌拉圭刚当上"南共市"主席国，就坚定地推动与中国达成自贸协定的进程。新冠疫情期间，两国在抗疫物资方面互相帮助，也进一步加深了两国人民之间的友情。

为服务国家战略和外交大局，助力"一带一路"建设，北京交通大学积极响应教育部关于高等学校开展国别和区域研究工作的号召，于 2017 年 12 月成立了北京交通大学乌拉圭研究中心。中心以语言与传播学院师资力量为依托，统筹校内外资源，重点对中乌关系及乌拉圭政治、经济、文化、对外关系等领域开展研究，力争为有关政府部门提供资政支持，成为中乌两国民相亲、心相通的桥梁。

作为国内首家开展乌拉圭国别研究的科研机构，中心工作得到了两国政府的高度重视。在 2018 年 4 月 23 日举行的中心揭牌仪式上，外交部拉丁美洲和加勒比司蓝虎副司长表示，"希望中心发挥自身优势，积极开展学术交流，深化对乌拉圭国情民意的全面研究"。中国驻乌拉圭大使馆向中心揭牌仪式致贺函。乌拉圭教育文化部长穆尼奥斯出席中心揭牌仪式并致辞。2018 年 9 月 14 日，乌拉圭副总统、国会主席兼参议长托波兰斯基访华期间到访北京交通大学，表示乌政府愿为中心开展工作提供必要支持。

中心自成立以来，在各个方面取得了喜人的成果。近三年来，在中央权威媒体发文量达 35 篇，获批国家级科研项目 4 项、省部级科研项目 8 项，出版专著 13 部，发表 CSSCI 来源刊论文 36 篇，获得省部级以上批示资政报告 8 篇。此外，还多次举办线上线下全国性及省部级会议及论坛。2020 年，乌拉圭研究中心入选中国智库索引 CTTI 来源智库。

《乌拉圭年度报告 2020—2021》是研究中心的最新力作，汇集社科院权威专家、乌拉圭知名青年学者、中心研究骨干等人员的研究成果，包括《新时代中乌经贸合作的进展与挑战》《乌拉圭政府的"抗疫之战"》《乌拉圭产业结构现状与展望》《乌拉圭的农业经济》《乌拉圭经济历史简述（1825—2014）》《"覆巢"之上：大流行下的乌拉圭当代艺术》《乌拉圭高等教育现状》《乌拉圭的汉语教学及中国文化传播》《1949—1972 年的中乌关系》《乌拉圭与中国：日渐密切的两国关系》10 篇文章，从多个维度对乌拉圭近些年在政治、经济、文化、外交等多领域的发展情况进行了深入的解析。衷心希望本书可以为中乌合作献计献策，为中乌战略伙伴关系深入发展贡献力量。

耿纪永

北京交通大学"卓越百人"教授、博士生导师，

语言与传播学院院长、乌拉圭研究中心主任

CONTENTS 目录

序言　　　　　　　　　　　　　　　　　　　　　　　　耿纪永　001

新时代中乌经贸合作的进展与挑战　　　　　　　贺双荣　佟亚维　001
乌拉圭政府的"抗疫之战"　　　　　　　　　　　　　　王珍娜　021
乌拉圭产业结构现状与展望　　　　　　　　　　　　　　赵　术　033
乌拉圭的农业经济　　　　　　　　　　　　　　　　　　刘　莹　055
乌拉圭经济历史简述(1825—2014)　　　　　　　　　　褚立东　071
"覆巢"之上：大流行下的乌拉圭当代艺术　　　　　　　赵　挺　079
乌拉圭高等教育现状　　　　　　　　　　　　　　　　　李蓓儿　090
乌拉圭的汉语教学及中国文化传播　　　　　　　　　　　张笑寒　101
1949—1972 年的中乌关系　　　　　Georgina Pagola & Liber Di Paulo　106
乌拉圭与中国：日渐密切的两国关系　Liber Di Paulo & Georgina Pagola　123

新时代中乌经贸合作的进展与挑战

贺双荣　佟亚维[*]

摘要：新时代，中乌经贸关系取得新进展，中国已成为乌拉圭最大的贸易伙伴、第一大出口市场。乌拉圭是参与"一带一路"合作机制最多的拉美国家。中乌两国除了签署《关于共同推进丝绸之路经济带和21世纪海上丝绸之路建设的谅解备忘录》外，乌拉圭还加入了亚投行和金砖国家新开发银行。中乌双边自由贸易谈判将是两国致力于"一带一路"机制建设的另一个重要步骤。但是，中乌"一带一路"框架下的经贸合作面临着来自全球、区域和国内三个层面的挑战。中乌双边自由贸易谈判的不确定性是影响中乌未来深化合作的重要方面。但无论结果如何，只会影响中乌"一带一路"合作的战略预期，不会影响中乌合作的大局和方向。

关键词：乌拉圭　经贸合作　"一带一路"　自由贸易谈判

近年来，中国与乌拉圭的关系进入快速和深化发展新阶段，关系定位升级，经贸关系取得突破性进展，"一带一路"下的合作机制逐步建立，全方位合作进展顺利。进入21世纪后，中乌贸易快速增长。根据中国海关统计，中乌贸易额从2000年3.44亿美元增加到2019年的59.36亿美元。中国自2012年起首次超过巴西，成为乌拉圭最大的贸易伙伴、第一大出口市场。2020年中乌贸易虽然下降，但中国仍保持了乌拉圭第一大贸易伙伴地位。

乌拉圭是拉美和加勒比地区首批加入"一带一路"倡议的国家，也是第一个加入的南方共同市场（以下简称"南共市"）成员。在2018年1月"一带一路"正式延伸至拉美前，乌拉圭在2016年10月就已从国家层面表达了加入"一带一路"倡议的意愿，是第一个表示希望加入这一倡议的拉美国家。2017年5月，乌拉圭参加了在北京举行的"一带一路"国际合作高峰论坛。2018年8月，中乌签

---

[*] 贺双荣，中国社会科学院拉丁美洲研究所国际关系研究室研究员；佟亚维，北京交通大学乌拉圭研究中心执行主任、北京交通大学语言与传播学院欧亚语言文学系主任。

署《关于共同推进丝绸之路经济带和21世纪海上丝绸之路建设的谅解备忘录》,希望借助"一带一路"将其打造成为中国及亚太国家面向南大西洋的重要节点,帮助乌拉圭实现从拉美"后阳台"变成"前大门"的战略构想①。

一、在"一带一路"框架下中乌经贸往来取得新进展

与中国签署"一带一路"合作谅解备忘录以来,中乌"一带一路"合作机制取得新进展,双边贸易往来快速发展,并且两国启动了自由贸易可行性研究。

(一)中乌建立多层面"一带一路"合作机制

乌拉圭寻求加入"一带一路"框架下的合作机制,特别是金融合作机制。2020年4月28日,乌拉圭正式加入亚洲基础设施投资银行(简称"亚投行"),成为加入亚投行的第二个拉丁美洲伙伴。2021年9月2日,乌拉圭与阿联酋和孟加拉国一道加入金砖国家新开发银行(NDB),是第一个成为金砖国家新开发银行成员的拉丁美洲国家。乌拉圭经济和财政部长阿祖塞纳·阿贝莱赫(Azucena Arbeleche)表示:"乌拉圭把新开发银行看作与其成员国在寻求国际贸易和投资一体化合作的大好机会。"②

为进一步推动双方合作,乌拉圭增加了对中国的外交资源投入。2018年5月,巴斯克斯政府在驻华大使馆设立了农业办公室,致力于乌拉圭农产品在中国的市场推广。乌拉圭于2019年12月20日在重庆设立了继北京、上海、香港和广州之后在中国的第五家领事馆,乌拉圭成为拉美第一个在重庆市开设领事馆的国家。

(二)双边经贸往来快速发展

根据乌拉圭的统计,2020年,乌拉圭对中国出口21.49亿美元,中国占其出口总额的27%。2020年,乌拉圭从中国进口14.39亿美元,中国占乌拉圭进口总额的21%,为第二大进口来源国③。2021年中乌贸易迅速反弹。根据乌拉圭

---

① 毕淑娟:《中乌务实合作打开新空间》,《中国联合商报》2018年2月12日第B01版。
② "NDB Admite a Uruguay como Nuevo Miembro", https://www.prnewswire.com/news-releases/ndb-admite-a-uruguay-como-nuevo-miembro-861374660.html.
③ Uruguay XXI, "Foreign Trade Annual Report-2020", https://www.uruguayxxi.gub.uy/uploads/informacion/cd5856bbb60333f1900f664106f777443aad60ea.pdf.

21 世纪委员会(Uruguay XXI)的数据,2021 年 1—10 月,乌拉圭出口达 87.18 亿美元,增长 31%,而同期对中国出口达 20.73 亿美元,比 2020 年同期增长 59%。2021 年 10 月,中国占乌拉圭出口总额的 37%①,凸显了中国市场对乌拉圭的重要性。

目前,中国对乌拉圭的投资并不大。根据中国驻乌拉圭大使馆的统计,截至 2019 年年底,中国在乌拉圭的累计投资不超过 2.3 亿美元②。但随着"一带一路"协定的签署,中乌基础设施等领域的合作正在展开。2021 年 5 月,中乌 500 千伏输变电环网闭合项目签约,这是乌政府重点关注的国家电网项目,也是两国建交以来中国在乌中标的最大基建项目和"一带一路"框架下的首个双边大型成套项目,对于深化中乌战略伙伴关系具有重要意义③。

(三) 中乌启动自由贸易可行性研究

巴斯克斯总统在 2016 年 10 月访问中国时,在提出参加"一带一路"倡议的同时提出与中国谈判自由贸易协定。这种同步性显示乌拉圭希望抓住"一带一路"给乌拉圭带来的机会,将自由贸易协定作为扩大贸易、增加投资、创造就业、实现发展良性循环的工具。随后,双方成立非正式联合工作组就商签自贸协定事宜进行技术性磋商,首次会议于 2017 年 4 月在北京举行。与此同时,乌拉圭主张应将南共市与中国签署自贸协定一事纳入战略讨论议程,并在担任南共市轮值主席国时,在 2018 年 10 月 18 日推动了中国—南共市第六次对话。其后,由于南共市及巴斯克斯所在的广泛阵线内部对推动与中国自由贸易谈判缺乏共识,中国与南共市和乌拉圭的自由贸易谈判被暂时搁置。

2021 年 9 月 7 日,拉卡列·普乌总统宣布,将推进中乌双边自由贸易谈判。虽然乌拉圭方面强调中国在谈判中的主动性,但根本变化来自拉卡列政府的决心和政治意愿。拉卡列提出如果南共市成员不想推动自由贸易谈判,乌拉圭就

---

① Uruguay XXI, "Informe Mensual de Comercio Exterior-Octubre 2021", https://www.uruguayxxi.gub.uy/uploads/informacion/10d5bee6a4f14a1a35462b1036b6936e6c31165d.pdf.
② Wang Gang, "Inversiones Chinas", *El País*, 11 de Mayo 2021.
③《驻乌拉圭大使王刚出席中乌 500 kV 输变电环网闭合项目签约仪式》,http://uy.china-embassy.org/chn/xwdt/202105/t20210531_9064309.htm.

走双边谈判的道路①。拉卡列政府成立了一个由外交部、经济和财政部（MEF）领导的技术小组，评估协定对各部门的影响。这个团队包括来自工业、畜牧业、环境、教育和劳工的代表。目标是在年底前完成可行性研究，2022年启动谈判。

二、新时代中乌经贸关系快速发展的驱动因素

中国与乌拉圭推动"一带一路"框架下的经贸合作，虽然有不同的战略考量，但合作共赢、促进国家发展、夯实合作基础是双方的共同目标。

（一）乌拉圭的战略考量

1. 利益驱动

发展利益是小国追求的首要和最重要的目标。乌拉圭在1988年2月与中国建交主要由经济因素驱动，羊毛出口商认为建交可以促进对华出口。时任总统桑吉内蒂（María Sanguinetti）看到中国的发展潜力，认识到"世界的趋势是承认这个正在发展的伟大国家"②。随着中国的崛起，乌拉圭意识到，"对拉美来说，中国是一个全球行为者"③，中国的市场潜力及其给乌拉圭发展带来的机遇应该受到重视。穆希卡总统说过，"我们都知道中国意味着什么，我们不应该羞于说中国是我们这个时代的大买家和大卖家"，中国经济的快速增长确实为两国贸易的快速发展提供了机会④。拉卡列政府明确表示，乌拉圭国际融入（inserción internacional）战略，是基于"永久利益"，而不是"朋友或敌人"⑤。

对于乌拉圭来说，发展与中国的关系符合其发展利益。中国已成为乌拉圭

---

① "Uruguay Avanza con 'Apuro' en TLC Bilateral con China, Confiado en Respaldo de Brasil", *El Observador*, 08 de Septiembre de 2021.
② Sebastián Cabrera, Delfina Milder, "La Historia Detrás del TLC con China: Así Se Gestó la Relación con Uruguay, que ya Lleva 33 Años", *El País*, 12 Septiembre 2021.
③ Ignacio Bartesaghi Hierro, "China: un Nuevo Actor Global para América Latina", *Revista Pensamiento Iberoamericano*, No.3, 2017, pp.148—158.
④ Francisco Urdinez, Camilo López Burian and Amâncio Jorge de Oliveira, "Mercosur and the Brazilian Leadership Challenge in the Era of Chinese Growth: A Uruguayan Foreign Policy Perspective", http://www.furdinez.com/uploads/2/2/5/6/22565746/ngs-2015-00151.pdf.
⑤ "Lacalle Pou y Ministros Participaron en Conferencia sobre Trabajo, Competitividad e Inserción Internacional", https://www.gub.uy/presidencia/comunicacion/noticias/lacalle-pou-ministros-participaron-conferencia-sobre-trabajo-competitividad.

主要出口产品的重要市场。肉类、纤维素、奶制品和大豆是乌拉圭最重要的出口产品，2020 年占其出口总额的 51%，而中国是这四类出口产品最重要的市场（见表 1）。

表 1 2020 年乌拉圭主要产品占出口总额的比重及其中国市场的地位①

	占出口总额的比重（%）	对中国出口占该产品出口总额的比重（%）	中国在目的地市场中的排名（位）
牛　肉	20	48.33	1
纤维素	14	41	2
大　豆	9	9	1
奶制品	8	65	1

中国是乌拉圭羊毛的重要买家。与此同时，中国成为乌拉圭肉类产品出口不可替代的重要市场。对中国的肉类出口占其肉类出口总额的比重从 2015 年的 32.8% 增加到 2019 年的 59.1%。2020 年受新冠肺炎疫情影响下降至 47%，2021 年 1—10 月增长占到 57%。中国市场对于乌拉圭肉类产品出口的重要性还在于"中国是一个以合理的价格吸收所有动物产品的市场"②。

表 2 乌拉圭对中国肉类出口额及其占比③　　　　单位：亿美元/%

2015 年		2016 年		2017 年		2018 年		2019 年		2020 年	
金额	占比	金额	占比	金额	占比	金额	占比	金额	占比	金额	占比
4.81	32.8	4.98	33.8	6.10	39.5	7.27	43.5	10.81	59.1	7.49	47.0

除了对中国市场的倚重，乌拉圭还非常看重中国对其经济增长的拉动作用。

---

① Uruguay XXI, "Foreign Trade Annual Report-2020", https://www.uruguayxxi.gub.uy/uploads/informacion/cd5856bbb60333f1900f664106f777443aad60ea.pdf.

② "Exportaciones Cárnicas Alcanzaron en 2021 a 530.000 Toneladas y 2.300 Millones de Dólares", https://www.gub.uy/presidencia/comunicacion/noticias/exportaciones-carnicas-alcanzaron-2021-530000-toneladas-2300-millones-dolares.

③ Instituto Nacional de Carnes (INAC). Instituto Nacional de Estadística del Uruguay, "El Anuario Estadístico Nacional 2018", https://www.ine.gub.uy/documents/10181/559909/Anuario + Estad%C3%ADstico + Nacional + 2018/46660ce3-eb26-484e-b295-f4327499de8b"；"El Anuario Estadístico Nacional 2020", https://www.ine.gub.uy/documents/10181/697245/Anuario + Estad%C3%ADstico + 2020/5e981c54-2a50-47f8-a62e-78516edcad69.

自 2015 年以来,乌拉圭经济持续低迷(见表 3)。2020 年新冠肺炎疫情席卷世界,拉美经济遭受重创。虽然乌拉圭在控制新冠肺炎疫情方面比其他拉美国家做得要好,但 2020 年 GDP 仍收缩了 5.86%。促进经济增长,特别是实现后疫情时代的经济复苏是乌拉圭政府面临的最重要挑战。中国一直是世界经济的引擎,中国作为世界上控制新冠肺炎疫情最好的国家,2020 年是在全球唯一实现经济正增长的主要经济体。因此,加强与中国经贸合作成为乌拉圭政府的优先目标。

表 3　2015—2020 年乌拉圭 GDP 年均增长率① 单位:%

2015 年	2016 年	2017 年	2018 年	2019 年	2020 年
0.37	1.69	1.63	0.48	0.35	-5.86

2. 促进对外开放及战略调整

乌拉圭推动与中国的双边自由贸易谈判被视为 30 年来乌拉圭对外开放迈出的重要一步②。乌拉圭在 1991 年 3 月 26 日与巴西、阿根廷和巴拉圭组建南共市。南共市从此成为乌拉圭促进国家发展和融入世界的平台③,乌拉圭也由此确立了南共市在其对外发展中的战略地位。南共市在 1991 年成立后的最初几年,发展势头很好,乌拉圭对南共市的依赖不断加深。1989—2000 年,南共市占其对外出口的比重从 32.9% 上升到 44.5%。同期从南共市的进口占进口总额的比重从 43.3% 上升至 50% 以上。然而,自 1997 年阿根廷金融危机和 1999 年巴西货币贬值后,南共市对乌拉圭经济的重要性下降,甚至成为发展的制约。一是南共市国家宏观经济高度不稳定影响了乌拉圭的发展。2001—2002 年,阿根廷经济危机更是将乌拉圭拖入了近 50 年来持续时间最长的经济衰退。二是南共市在出口中的地位下降。20 世纪 90 年代末,由于金融和经济危机以及各国政府实施的保护主义政策,南共市至今仍是一个不完美的关税联盟,贸易尚未完全自由化④。南

---

① 资料来源:世界银行;CEIC 数据库。
② "TLC con China: El Paso más Importante para la Apertuara desde la Creación del Mercosur, Según Expertos", *El Observador*, 10 de Noviembre de 2021.
③ Camilo López Burian and María Cecilia Míguez, "Uruguay como Estdao pequeño en el Mercosur (1991—2020): Una Lectura desde la la autonomía Regional", Lua Nova: *Revista de Cultura e Política*, No.112, p.192.
④ Carmen Estrades, Manuel Flores, "Trade Policymaking in Uruguay: Recent Tends and Challenges ahead", *The World Economy*, Vol.43, No.12, 2020, p.3136.

共市占其出口总额的比重从1998年的47％下降到2017年的20％。三是南共市成为日益封闭的集团,影响了乌拉圭的国际融入战略。随着WTO多哈回合谈判失败,双边和诸边自由协定成为推进全球贸易自由化的主要形式。发生在有互惠贸易协议之间的全球跨境贸易在30年前只有5％,而今天已上升到60％①,但是南共市却停滞不前。南共市除了与智利、玻利维亚、以色列(阿根廷未批准)和埃及等小国的自由贸易协定生效外,与多数国家或集团签署的自由贸易协定都未生效(见表4)。

表4 南共市签署和生效的自由贸易协定②

国 家	签署时间	生效时间
智 利	1996年6月25日	1996年10月1日
玻利维亚	1996年12月17日	1997年2月28日
秘 鲁	2005年11月30日	
以色列	2007年12月18日	
埃 及	2010年8月2日	2017年9月1日
巴勒斯坦	2011年12月20日	
哥伦比亚	2017年7月21日	
欧 盟	2019年6月28日	
欧洲自由贸易联盟(EFTA)	2019年8月	

从豪尔赫·巴特列(Jorge Batlle,2000—2005)开始,乌拉圭就一直希望南共市进行改革,允许成员国与第三国谈判自由贸易协定方面能采取灵活政策。巴特列政府与美国进行了贸易和投资自由化谈判。2005年3月巴斯克斯领导的左翼广泛阵线政府上台后对南共市不满有增无减。2005年12月7日,乌拉圭经济部长达尼洛·阿斯托里(Danilo Astori)表示,乌拉圭的贸易关系不能只局限于充满问题的南共市。"我们不能成为问题成堆的南共市的人质。我们不能坐等投资者来乌拉圭",并继续推动与美国的自由贸易和投资谈判③。2007年

---

① Marcelo Elizondo, "En el Mercosur se Están Discutiendo Cosas Serias", https://www.cronista.com/columnistas/en-el-mercosur-se-estan-discutiendo-cosas-serias.
② 资料来源:作者整理。
③ "We Can't be Hostages of a Mercosur Full of Problems", https://en.mercopress.com/2005/12/08/we-can-t-be-hostages-of-a-mercosur-full-of-problems.

1月25日,乌美正式签署《贸易和投资框架协议》(Trade and Investment Framework Agreement, TIFA)。2020年3月上台的拉卡列政府将推动南共市现代化和灵活性作为外交政策的优先日程,他明确表示要使"南共市成为一个跳板,而不是紧身衣或压舱物"①。2021年11月16日,拉卡列总统强调,"乌拉圭正在向世界开放的过程中","如果我们能与中国和美国签署自由贸易协定,将实现儿时的梦想(el sueño del pibe)"②。

2021年4月26日,乌拉圭正式向南共市伙伴国公布了一项提案。该方案将使南共市的贸易谈判更加灵活,并允许各国单方面与第三方签订协议③。拉卡列政府希望与美国、中国等国家或集团谈判自由贸易协定。因为中国是乌拉圭最大的贸易伙伴,且美国目前没有自由贸易谈判的日程,拉卡列政府将自由贸易谈判的重心放在中国。乌拉圭希望同中国的自由贸易谈判带动南共市的改革,摆脱南共市对它的束缚,扩大乌拉圭的国际融入,为乌拉圭的经济发展注入活力。

3. 推动乌拉圭加快融入亚太

亚太地区不仅是世界上经济发展最快、最具活力的地区,也是区域经济合作取得最多进展的地区。全面与进步跨太平洋伙伴关系协定(CPTPP)于2018年12月生效,以及由中国、日本、韩国、澳大利亚、新西兰和东盟十国共15方成员达成的《区域全面经济伙伴关系协定》(RCEP)在2022年1月生效都对全球贸易格局产生重要的影响。面对亚太区域一体化的发展,拉美太平洋国家做出了积极的响应。2011年4月28日,智利、哥伦比亚、墨西哥、秘鲁四国成立了面向亚太的太平洋联盟(Allianza Pacifico, AP)。

在外部环境的推动下,乌拉圭的亚太战略逐步清晰。2016年,乌拉圭天主

---

① Tras las Críticas de Alberto Fernández, Lacalle Pou Volvió a Pedir "Que Se Flexibilice el Mercosur", https://www.infobae.com/america/america-latina/2021/03/29/tras-las-criticas-de-alberto-fernandez-lacalle-pou-volvio-a-pedir-que-se-flexibilice-el-mercosur/.

② "Lacalle Pou Insistió con la Modernización del Mercosur y Reiteró que Uruguay Busca Acuerdos de Libre Comercio con EEUU y China", https://www.infobae.com/america/america-latina/2021/11/16/lacalle-pou-insistio-con-la-modernizacion-del-mercosur-y-reitero-que-uruguay-busca-acuerdos-de-libre-comercio-con-eeuu-y-china.

③ "Uruguay Presents Plan to Make Mercosur Trade Talks More Flexible", *Buenos Aires Times*, April 26, 2021.

教大学等机构举行了乌拉圭面向太平洋(Uruguay de Cara al Pacífico)研讨会。南共市与欧盟自由贸易协定生效前景日益暗淡后,促使乌拉圭进一步转向亚太,特别是中国。前总统豪尔赫·巴特列在2016年10月24日逝世前几日表示,欧盟与南共市的贸易协议"因为法国的原因而不可能达成","不能再浪费时间了;贸易不在欧洲,而是在亚洲"①。

作为融入亚太的跳板,乌拉圭开始接近太平洋联盟。2012年,乌拉圭成为该组织的观察员,并着手与智利、秘鲁和哥伦比亚等太平洋联盟成员谈判自由贸易协定。拉卡列政府在2021年8月2日由外交部发布的《外交政策战略计划(2020—2025)》中明确提出了亚太计划(Proyección al Pacífico),表示要"为成为太平洋联盟成员制定并执行一项新的谈判战略"②。

加强与中国的"一带一路"合作,特别是自由贸易谈判是乌拉圭亚太战略的重要步骤。拉卡列总统甚至表示,将探讨加入《全面与进步跨太平洋伙伴关系协定》的可能性。乌拉圭学者认为这是合乎逻辑的,下一步将有效地重新定位乌拉圭在新兴的印度—太平洋—美洲(Indo-Pacific-Americas, IndoPacLAC)的经济空间。

4. 抓住中拉"一带一路"合作的战略机遇

随着中乌战略伙伴关系的建立和"一带一路"在拉美的延伸,乌拉圭看好中国的发展前景,更看好"一带一路"给乌拉圭带来的发展机遇。乌拉圭政府对其在中拉关系中的定位日益清晰,希望成为南共市国家进入中国和中国企业进入南美国家的门户。

乌拉圭还希望通过中乌自由贸易协定,提升其产品进入中国市场的竞争力,以应对中国签署的多个双边和诸边自由贸易协议给其出口带来的贸易转移效应。其中,由于澳大利亚和新西兰的对华出口结构与乌拉圭相似,中国与澳大利亚和新西兰的自由贸易协定使其在对中国出口中面临不利的条件。目前,乌拉圭对华出口牛肉支付的关税平均为11.8%,2020年,乌拉圭对中国出口(主要是

---

① "Battling Batlle dies: the last of a political dynasty", *Brazil & Southern Cone*, November 2016.
② El Plan Estratégico de Política Exterior(2020—2025), https://www.gub.uy/ministerio-relaciones-exteriores/institucional/plan-estrategico/bases-para-politica-exterior-del-uruguay.

农牧产品)共支付了 1.84 亿美元的关税,占其在全球支付关税总额的 54%①。

与此同时,乌拉圭认为中乌自由贸易协定也将给乌拉圭的服务业带来更多机会。乌拉圭学者通过相关研究,认为中国已成为仅次于美国的世界第二大服务业进口国。随着中国与拉美日益扩大的贸易,中国对海外服务的需求将日益增长,而乌拉圭有发达的服务业和全球服务方面的竞争力,两国在这方面高度互补。"乌拉圭近70%的国内生产总值来自第三产业,40%的对外销售来自服务业,是拉丁美洲所有经济体中比例最高的国家之一。"其中,"乌拉圭在旅游、信息和通信技术、物流、金融服务、视听、教育和体育"等全球服务方面的竞争优势尤为明显②。在中乌服务贸易中,乌拉圭每年有 2 亿美元的顺差③。中乌在 2018 年签署了服务贸易合作谅解备忘录。乌拉圭希望成为"'一带一路'在拉丁美洲的服务节点"(Uruguay: nodo de servicios para la Franja y la Ruta en América Latina)。为此,2021 年 9 月 2 日,拉卡列总统在 2021 年中国国际服务贸易交易会全球服务贸易峰会上发表致辞,希望推动乌中服务业的发展与合作。

5. 中乌自由贸易谈判的"机会之窗"

乌拉圭与中国的自由贸易谈判受到南共市的制度约束。但巴西博索纳罗政府对于南共市的改革立场使拉卡列政府看到了机会。巴西政府在 2021 年 3 月庆祝南共市成立 30 周年发布的评估报告中认为,南共市"没有实现其预期","迫切需要现代化"④。由于阿根廷和巴西在意识形态和政策上的分歧,南共市的改革面临困境。奉行市场原教旨主义的巴西经济部长盖德斯(Paulo Guedes)表示,"南方共同市场共识条款已成为实际上的否决权条款……我们不能成为一项拒绝现代化和限制贸易机会的制度性协议的囚徒。巴西不能成为保护主义和落后哲学的囚徒"⑤。

---

① EIU, *Country Report-Uruguay*, 3nd Quarter, 2021, p.20.
② "Entrevista: Diplomática Uruguaya Destaca Alta Complementariedad entre China y Uruguay en el Sector Servicios", http://spanish.xinhuanet.com/2020-09/09/c_139355825.htm.
③ "Lacalle Pou Participó de Evento Internacional sobre Comercio de Servicios", https://www.gub.uy/presidencia/comunicacion/noticias/lacalle-pou-participo-evento-internacional-sobre-comercio-servicios.
④ Felipe Solá, Ernesto Araújo, Euclides Acevedo, Francisco Bustillo, "Mercosur 30 Años(1991—2021)-Edición Conmemorativa", https://www.mercosur.int/documento/mercosur-30-anos-1991-2021-edicion-conmemorativa.
⑤ "Mercosur Needs Urgent Modernization and Brazil Can't be Prisoner of an Institutional Accord", https://en.mercopress.com/2021/08/26/mercosur-needs-urgent-modernization-and-brazil-cant-be-prisoner-of-an-institutional-accord.

巴西因此支持南共市成员与其他国家或集团的贸易谈判采取更加灵活政策,"允许每个成员国按照自己的节奏进行谈判","尽快地与所有相关经济体进行谈判"①。经济部长盖德斯在 2019 年 11 月参加金砖国家新开发银行研讨会时甚至提出与中国协商建立自由贸易区。姑且不论巴西是否真的有意愿与中国谈判自由贸易协定,但博索纳罗政府与美国的自由贸易谈判已迈出了实质性步伐。2019 年 7 月,巴西和美国宣布开始谈判达成双边自由贸易协定,2020 年 4 月,巴西与美国讨论了"雄心勃勃"的贸易议程,并希望在 2020 年达成自由贸易协定。2021 年 5 月 14 日,巴西经济部长保罗·盖德斯告诉美国商务部长吉娜·雷蒙多(Gina Raymondo),巴西希望继续两国之间的自由贸易协定谈判②。由于得到巴西的支持,拉卡列政府认为与中国达成自由贸易协定存在"机会之窗"③。

(二)中国的考量

对于中方而言,积极推动中乌"一带一路"框架下的经贸合作一方面是两国经贸互补性较强,但更主要的是基于乌方与我国开展积极合作的共识。乌拉圭不仅是中拉共建"一带一路"的节点,该国更是在推动共建高质量"一带一路"中起到了引领和示范作用。

1. 乌拉圭是中拉共建"一带一路"的节点

乌拉圭是南美的小国,但拥有重要的地缘经济地位。在地理上,它位于南美两个大国巴西和阿根廷之间,据守拉普拉塔河口。历史上曾是大国地缘政治竞争之地,现在是南美大西洋地区地缘经济合作的桥头堡和门户。蒙得维的亚港不仅是该国最大的海港,也是拉普拉塔地区最大和最深的天然良港之一,同时也是南美洲大西洋沿岸唯一的自由港。优越的地理位置可使其成为中国企业进入南美的重要门户,在中国与南美,特别是南大西洋国家的贸易和基础设施合作中发挥着重要作用。

在对外合作中,中国重视地区组织的作用。乌拉圭作为南共市成员,中国希

---

① "Araújo Defends Relaxing Mercosur Trade Rules", *LatinNews Daily*, March 03, 2021.
② Abigail Brewer, "Brazil reaffirms its interest in concluding a free trade agreement with the United States", *The Guardian*, 15 May 2021.
③ "Uruguay Avanza con 'Apuro' en TLC Bilateral con China, Confiado en Respaldo de Brasil", *El Observador*, 08 de Septiembre de 2021.

望其在中国与南共市的合作中发挥桥梁和示范作用。中国先后与智利(2006年)、秘鲁(2010年)和哥斯达黎加(2010年)自由贸易协定生效。自由贸易协定作为扩大贸易融通的重要手段,中国希望与更多拉美国家签署自由贸易协定,但中拉自由贸易谈判进展缓慢。早在2003年9月中国就与南共市同意进行自由贸易协定可行性研究。中国在2012年和2017年曾两次提议启动中国与南共市自由贸易协定谈判,但没有得到南共市的响应。中国希望通过中乌双边自由贸易谈判来推动中拉贸易自由化进程,特别是推动与南共市的自由贸易谈判。

2. 乌拉圭在中拉共建高质量"一带一路"中的引领和示范作用

2021年11月19日,习近平主席在第三次"一带一路"建设座谈会上提出了"一带一路"发展的三个目标:高标准、可持续、惠民生。在推进中拉共建高质量"一带一路"合作中,乌拉圭的优势突出。

第一,中乌"一带一路"合作机制建设引领拉美。可持续性是"一带一路"高质量发展的核心,而"实现可持续性的基本路径在于机制化"[1]。目前,乌拉圭是参与"一带一路"合作机制最多的拉美国家。两国除了签署《关于共同推进丝绸之路经济带和21世纪海上丝绸之路建设的谅解备忘录》外,乌拉圭还加入了亚投行和金砖国家新开发银行。中乌双边自由贸易谈判将是两国致力于"一带一路"机制建设的另一个重要步骤。

第二,中乌关系的稳定性。乌拉圭国内在发展中乌关系上存在国家共识。从两国建交到现在,历经多届政府轮替,无论政府的政治光谱如何变化,乌拉圭对华政策保持了稳定性。政策的稳定性确保了中乌关系的延续性、稳定性和持续向好的发展势头。2018年左翼的巴斯克斯政府推动与中国的"一带一路"合作得到2020年3月上台执政的右翼政府拉卡列的支持。这种国家共识保障了中乌关系确定性和稳定性。在中乌自由贸易谈判问题上,虽然乌拉圭国内存在一些分歧,但共识在不断加强。2016年,巴斯克斯政府提出推动与中国谈判自由贸易协定,曾遭到执政党广泛阵线内部一些派别的反对。但随着形势的发展,广泛阵线内部的分歧在减少,共识在增加。因此,拉卡列政府"与中国谈判自由贸易协定的决定几乎没有遭到内部反对"[2]。过去对自由贸易谈判较为敏感的

---

[1] 李向阳:《"一带一路"的高质量发展与机制化建设》,《世界经济与政治》2020年第5期。
[2] Eric Farnsworth and Carlos Mazal, "The U. S. Should Cozy Up to Uruguay. Here's Why", https://www.barrons.com/articles/the-u-s-should-cozy-up-to-uruguay-heres-why-51632344788.

工业部门对中乌自由贸易谈判的立场不再拒绝,而是寻求适应。乌拉圭工业商会(Cámara de Industrias del Uruguay, CIU)主席阿尔弗雷多·安蒂亚(Alfredo Antía)说,政治体系中有一种"机构立场"(una posición institucional),得到了不同颜色政府的支持,即"走贸易开放和与中国互补的道路"。乌拉圭工业商会表示,接受中乌自由贸易谈判的"既成事实",并寻求"迫使自身做出改变"①。2021年10月8日,乌拉圭工业商会邀请曾任智利巴切莱特(Michelle Bachelet)政府的能源部长、曾参与中智自贸协定谈判的智利经济学家安德烈斯·雷博莱多(Andrés Rebolledo)介绍经验,希望从中智合作经验中获得启示。

第三,政治和社会风险小,营商环境领跑大多数拉美国家。强化风险防控是推动共建"一带一路"高质量发展的要求。乌拉圭的政治、经济和社会风险无疑是拉美国家最低的。国际货币基金组织在2020年国别报告中指出,"乌拉圭在许多方面处于令人羡慕的地位。该国享有政治稳定、强有力的治理和制度以及高度的社会凝聚力。经过十年半的强劲增长,该国人均收入高,贫困和不平等水平低,金融部门具有弹性"②。乌拉圭政治、经济和社会的稳定性以及法制水平体现在全球各类指数排名中,乌拉圭在这些指数排名中大多居于拉美前列。在《经济学人》(The Economist)发布的2020民主指数中,乌拉圭在拉美排名第一,是拉美3个、世界上20个"完全民主国家"之一。乌拉圭也是最清廉的国家,在2021年全球反腐能力指数中排名拉美国家第一位③。在大多数拉美国家陷入政治不稳定和不确定的时刻,乌拉圭是仍保持政治稳定和确定的少数拉美国家。拉卡列总统2021年9月在第76届联大发言时称,"乌拉圭是动荡世界中体制、政治和社会稳定的堡垒",是一个严肃、可预测和高度透明的国家④。基于人才

---

① Mathías da Silva, "El Gobierno Avanza en Estudios Previos al TLC con China; Industriales Calibran Efectos y PIT-CNT Critica el Proceso", https://ladiaria.com.uy/politica/articulo/2021/10/el-gobierno-avanza-en-estudios-previos-al-tlc-con-china-industriales-calibran-efectos-y-pit-cnt-critica-el-proceso.
② IMF, "Uruguay: 2019 Article IV Consultation-Press Release; Staff Report; and Statement by the Executive Director for Uruguay", Country Report No.20/51, February 21, 2020.
③ "2021 Capacity to Combat Corruption Index", https://www.as-coa.org/sites/default/files/CCC_Report_2021.pdf.
④ "Uruguay es un País Serio, Predecible y con Alto Nivel de Transparencia", https://www.infobae.com/america/america-latina/2021/09/20/en-su-visita-a-eeuu-lacalle-pou-destaco-que-uruguay-es-un-pais-serio-predecible-y-con-alto-nivel-de-transparencia/.

优势、良好的治安环境、先进的电信基础设施和税收优惠等激励措施,乌拉圭的营商环境领跑大多数拉美国家。乌拉圭也是较好控制新冠肺炎疫情的拉美国家,COVID-19 感染水平在拉美国家中较低,这促进了外国投资。根据联合国贸易和发展会议(UNCTAD)的年度报告,2020 年在全球对外直接投资下降 35%、拉美地区下降 45% 的情况下,乌拉圭接受的对外直接投资增加了 43%,达 26 亿美元,是 2012 年以来的最高水平①。

乌拉圭在技术和创新领域较拉美国家有许多竞争优势,是中拉加强创新领域、特别是数字"一带一路"合作的好伙伴。乌拉圭早期的国际化使其成为南美洲人均软件出口居首位的国家。根据以色列 StartupBlink 公司发布的《2021 年全球创业指数报告》(Global Startup Index Report 2021),乌拉圭在南美洲排名第四。在电子商务、科技和零售领域也表现出色,排在世界第 50 位。乌拉圭领跑拉美的数字转型,被谷歌视为拉美的"数字领跑者"(digital sprinter)。根据谷歌委托咨询公司 Alpha Beta 进行的一项研究,"到 2030 年新兴市场发展数字经济将带来 3.4 万亿美元经济增长机会,对拉美地区而言约为 1 万亿美元"。"乌拉圭在该地区尤其突出,它推动了包容互联互通、准入和教育政策,这些政策是发展和转型的基础,是创建可持续企业的基础。"②

三、中乌"一带一路"倡议下经贸合作的挑战及自由贸易谈判前景

"小国大多受到更强大国家和机构的影响"③,这种影响不仅来自全球层面,也来自次地区层面。中乌"一带一路"合作推进及自由贸易谈判的前景除受外部因素制约外,还受到国内因素的制约。

(一) 中美战略竞争对中乌"一带一路"合作的影响

美国作为世界霸权国家,在中美战略竞争日益加剧的情况下,已成为中国"一带一路"合作最大的全球性影响因素。将拉美视为后院的美国认为"一带一

---

① UNCTAD, *World Investment Report 2021*, https://unctad.org/system/files/official-document/wir2021_en.pdf.
② "Google Defined Uruguay as a 'Digistal Sprinter'", https://www.uruguayxxi.gub.uy/en/news/article/google-defined-uruguay-as-a-digital-sprinter.
③ Andrew F. Cooper and Timothy M. Shaw (editors), *The Diplomacies of Small States: Between Vulnerability and Resilience*, Palgrave Macmillan, 2009, p.1.

路"合作计划使中国对拉美的政策越来越具有战略性和长期性,对美国在拉美的利益构成了威胁。拉丁美洲可能成为美国与中国发生冲突的"前线"[1]。

美国与中国在拉美的战略竞争中,美国很看重乌拉圭的作用。乌拉圭的特殊地位以及中乌"一带一路"合作进展引起了美国的特别关注。2021年,在半年多时间里,美国两位高官相继访问乌拉圭。2021年4月,白宫国家安全委员会西半球事务高级主管冈萨雷斯(Juan González)访问乌拉圭。同年11月初,美国副国务卿谢尔曼(Wendy Sherman)到访蒙得维的亚。针对乌拉圭与中国进行的双边自由贸易谈判,谢尔曼说:"所有国家都必须考虑摆在它们面前的所有选择,只要这些选择是公平、透明的,并遵守国际规则。"美国和乌拉圭正在探索各种扩大双边贸易的机会。"我们感到自豪的是,美国购买了乌拉圭70%以上的软件和计算机产品。"[2]此番言论既有拉拢又有威胁的味道。在大国的压力和威胁面前,小国是脆弱的。未来拉卡列政府如何做出应对之策还取决于美国为乌拉圭提供多少替代性选择。但美国因素无疑是中乌"一带一路"合作最大的地缘政治影响因素。

(二) 南共市因素

乌拉圭作为南共市成员,与巴西、阿根廷等国一道推动南共市与中国的自由贸易谈判是第一选择。但南共市与中国的自由贸易谈判面临多重困难:一是中国不是南共市自由贸易谈判的优先目标;二是南共市成员巴拉圭与中国台湾保持着"官方"关系。面对这些障碍,乌拉圭单独与中国进行自由贸易谈判受到南共市的制度制约,面临着很大的不确定性。

根据南共市共同市场理事会(Consejo del Mercado Común,CMC)2000年6月29日通过的第32/00决议,南共市成员承诺与第三国或区外国家作为一个集团共同谈判贸易协定[3]。但乌拉圭认为其有权与中国单独谈判自由贸易协定,

---

[1] Bill Van Auken, "US Southcom Chief Calls Latin America 'Front Line' in Clash with China", https://www.wsws.org/en/articles/2021/03/18/scom-m18.html.

[2] "El Gobierno de Estados Unidos Afirmó que Explora Diversas Oportunidades para Ampliar el Comercio Bilateral con Uruguay", https://www.infobae.com/america/america-latina/2021/11/09/el-gobierno-de-estados-unidos-afirmo-que-explora-diversas-oportunidades-para-ampliar-el-comercio-bilateral-con-uruguay.

[3] "MERCOSUR/CMC/DEC N° 32/00", http://www.sice.oas.org/trade/mrcsrs/decisions/DEC3200s.asp.

其理由有两点:第一,南共市禁止成员国与非成员国签署双边贸易协定的第32/00号决议,是一个政治决定,对成员国与第三国谈判自由贸易协定没有强约束性。第二,南共市成员单独与第三国谈判自由贸易协定是有先例的。乌拉圭在与中国谈判自由贸易协定前,乌拉圭与墨西哥、智利和哥伦比亚达成了自由贸易协定。2019年,阿根廷与智利签署的自由贸易协定生效。中乌能否启动自由贸易谈判在很大程度上取决于巴西和阿根廷等南共市国家的态度。

2021年9月7日乌拉圭总统拉卡列宣布与中国谈判自由贸易协定后,南共市一些成员国对此表示谨慎、担忧和反对。巴拉圭外交部长阿塞维多(Euclides Acevedo)表示"不安",强调"巴拉圭继续坚持其立场,忠实于《亚松森条约》和《欧鲁普雷图议定书》(protocolo de Ouro Preto)中关于该集团一致决定的规定"。阿根廷政府表示强烈反对,称"乌拉圭是一个主权国家,可以做出它认为最方便的决定",但"乌拉圭可以在南共市之外与中国达成双边协议,也可以继续留在南方共同市场内"①。对于中乌自由贸易谈判,巴西没有像阿根廷和巴拉圭那样明确表示反对。巴西对外贸易部长卢卡斯·费拉兹(Lucas Ferraz)甚至为乌拉圭的做法进行了辩护,表示"乌拉圭的做法符合经济部一直倡导的目标,即南共市的现代化为成员国提供更大的谈判灵活性"②。但巴西外交部则不愿发表评论。全国工业联合会(Confederação Nacional da Indústria, CNI)发表声明,呼吁这四个国家的政府与生产部门进行对话和联合,由此显示巴西内部在中乌自由贸易谈判问题上是存在分歧的。

表5 乌拉圭签署的自由贸易协定③

国　　家	签署时间	生效时间
墨西哥	2003年11月15日	2004年7月15日
智利	2016年10月4日	2018年12月12日
哥伦比亚	2017年7月21日	

① Ricardo REY, "Avance de Uruguay y China hacia TLC Es Visto con 'Inquietud' por Algunos Socios del Mercosur", AFP, https://www.infobae.com/america/agencias/2021/09/09/avance-de-uruguay-y-china-hacia-tlc-es-visto-con-inquietud-por-algunos-socios-del-mercosur.

② Eliane Oliveira, "Intenção do Uruguai de Negociar Acordo Comercial com China Não Preocupa Governo Brasileiro", https://oglobo.globo.com/economia/intencao-do-uruguai-de-negociar-acordo-comercial-com-china-nao-preocupa-governo-brasileiro-25189736.

③ 资料来源:作者根据资料整理。

虽然乌拉圭有理由推动与中国的自由贸易谈判，但关键的问题是乌拉圭能不能在巴西和阿根廷这两个南共市大国反对的情况下单独与中国进行自由贸易谈判，它能否承担脱离南共市的代价。答案也许是否定的。原因有以下三点：

第一，尽管乌拉圭对南共市不满，但南共市在政治、经济上对乌拉圭来说仍非常重要。因为"对小国来说，大国所塑造的地区秩序固然重要，但是次地区国家间的互动状态在其战略考量中占据着更为重要的位置"①。经过30多年的一体化，乌拉圭与巴西、阿根廷等南共市国家在政治、经济和社会方面高度融合。更重要的是，乌拉圭是一个小国，经济规模小，又没有智利那样的经济开放度和多元化的对外经济关系，脱离南共市的代价会很大。以乌拉圭与阿根廷的关系为例，虽然阿根廷占乌拉圭出口市场份额不大，只有5%，但是阿根廷是其外国直接投资的主要来源和金融、旅游等传统服务业的主要客户。乌拉圭担心"如果在区域合作伙伴的背后谈判自由贸易协定，可能会产生负面影响"②。

第二，南共市仍是乌拉圭融入世界的重要平台。乌拉圭希望发挥其在南共市的门户作用，那必须依赖南共市的发展。如果缺少这个平台，乌拉圭的谈判地位将会下降。乌拉圭学者雷内·梅托尔（Alberto René Methol Ferré，1929—2009）曾指出，乌拉圭是一个小国，"一体化是小国无法避免的未来"，这种思想在乌拉圭学界、政界还是非常盛行的。

第三，巴西和阿根廷内部反对与中国谈判自由贸易协定的力量还是很大的，尤其是工业部门。乌拉圭与许多小国一样通常追求比较优势和自由主义的经济政策，但阿根廷和巴西这样的中等强国更加强调自主性和工业发展。所以，这些国家的工业部门对于同中国签署自由贸易协定持强烈反对立场，担心中国制成品对本国工业产生冲击。阿根廷经济学家、南美经济发展研究中心（IDEAS）主任吉列尔莫·罗赞维尔塞尔（Guillermo Rozenwurcel）在2012年曾预测，中国提议与南共市谈判的自由贸易协定在未来10—15年内至少是不可行的③。早在几年前，阿根廷马克里政府与巴西政府启动了南共市与加拿大（2018年3月）、

---

① 刘若楠：《次地区安全秩序与小国的追随战略》，《世界经济与政治》2017年第11期。
② Fabiana Culshaw, "La Estrategia de Lacalle para Firmar el TLC con China en 2022 y no Pelearse con Argentina y Brasil", *El País*, 20 Noviembre 2021.
③ Marcela Valente, "Mercosur Senses Dangers of Free Trade with China", https://www.bilaterals.org/?mercosur-senses-dangers-of-free.

韩国(2018年5月)、新加坡(2018年7月)等国家的一系列自由贸易谈判,但并未把与中国列入谈判日程。原因在于他们认为,中国作为制造业大国对其工业将产生严重冲击。在博索纳罗政府之前,巴西明确反对乌拉圭单独与中国谈判自由贸易协定。2016年巴斯克斯政府提出与中国谈判自由贸易协定时的态度与阿根廷现政府的立场如出一辙。巴西外交部明确表示,"如果乌拉圭选择与中国谈判自由贸易,也许是时候其在南共市或中国之间做出选择了"①。这表明他们对此事的保留态度。未来巴西对中乌自由贸易谈判的立场仍存在变数。2022年巴西将举行大选,如果左翼的卢拉政府上台,或建制派的右翼政府上台,都会优先发展南共市,因为南共市对于巴西仍是一种战略性存在。卡多佐曾称南共市对巴西来说是一种命运,而不是一种选择。卢拉认为南共市是一个"需要牺牲个人利益和国家利益的巨大挑战"②。因此,南共市的制度约束对中乌自由贸易谈判仍是不小的障碍。

表6 南共市正进行的自由贸易谈判③

	开始谈判时间	最近的谈判
海湾合作委员会(GCC)	2005年5月	中断
黎巴嫩	2014年12月18日	
韩　国	2018年5月	2021年8月30日第7轮
加拿大	2018年3月9日	2019年7月29至8月2日
新加坡	2018年7月23日	

(三)国内政治约束

虽然乌拉圭对深化中乌经贸合作,特别是自由贸易谈判有政治共识,但一些

---

① "First Mercosur Test for Uruguay's Free Trade Agreement Negotiations with China", http://en.mercopress.com/2016/10/24/first-mercosur-test-for-uruguay-s-free-trade-agreement-negotiations-with-china.
② Katherine Hancy Wheeler, "Uruguay Signs a TIFA with the US: Will this Mean an Unraveling of Mercosur or is Montevideo Maneuvering to be Left Out in the Cold?", https://www.coha.org/uruguay-signs-a-tifa-with-the-us-will-this-mean-an-unraveling-of-mercosur-or-is-montevideo-maneuvering-to-be-left-out-in-the-cold/.
③ 资料来源:作者根据资料整理。

利益集团也存在疑虑。广泛阵线内部曾对与中国签署自由贸易协定存在内部分歧。2007年2月,时任乌拉圭外交部长雷伊纳尔多·加尔加诺(Reinaldo Gergano)在广泛阵线政治局会议上明确表示,鉴于乌拉圭在对中国和印度两国进出口贸易中处于不利地位,而它们低廉价格的加工产品也会充满我们的市场,因此,乌拉圭不适合与其签署自由贸易协议①。虽然广泛阵线内部反对的声音式微,但具有强大政治影响力的乌拉圭中央工会(PIT-CNT)历来都对自由贸易协议持反对立场,认为无论是与中国、美国还是欧盟,自由贸易协定"从来没有考虑到谈判国之间的不对称性",缓解这一问题的方法是"在一个地区集团内先与地区大国进行谈判"。同时,工业部门受冲击,影响就业。乌拉圭中央工会秘书长阿夫达拉(Marcelo Abdala)认为,与中国的自由贸易协定对商品出口是有利的,但对制造业等附加值较高的行业是"致命的"②。一些学者和小企业认为,中乌双边协议将使2.5万—3.5万个工作岗位面临风险,更不用说如果与南方共同市场的关系恶化可能造成的更大损害③。乌拉圭国内中乌自由贸易协定问题上如何凝聚共识仍是一个挑战。

结 语

中乌经贸关系取得突破性进展,中国已成为乌拉圭最大的贸易伙伴、第一大出口市场。乌拉圭是参与"一带一路"合作机制最多的拉美国家。两国除了签署《关于共同推进丝绸之路经济带和21世纪海上丝绸之路建设的谅解备忘录》外,乌拉圭还加入了亚投行和金砖国家新开发银行。中乌双边自由贸易谈判将是两国致力于"一带一路"机制建设的另一个重要步骤。

但是,中乌"一带一路"框架下的经贸合作面临着来自全球、区域和国内三个层面的挑战。其中,中乌双边自由贸易谈判的不确定性是影响中乌未来深化合作的重要方面。但无论结果如何,只会影响中乌"一带一路"合作的战略预期,不会影响中乌合作的大局和方向。因为中国与南共市国家有共同的发展利益,经

---

① 《乌拉圭外交部长反对与中国和印度签署自贸协议》,http://uy.mofcom.gov.cn/article/jmxw/200702/20070204387237.shtml.
② "Uruguay Moves on Forging an FTA with China", *Economy & Business*, October 2021.
③ Marcelo Pereira, "Mercosur, China y la Inserción Internacional del Uruguay", https://www.nodal.am/2021/11/mercosur-china-y-la-insercion-internacional-del-uruguay-por-marcelo-pereira.

济上高度互补。另外,巴西和阿根廷国内也有许多支持与中国进行自由贸易协定谈判的力量。此外,在区域化进程不断加深的情况下,推进与中国的自由贸易也符合巴西和阿根廷的利益。阿根廷中国商会(Cámara Argentino China)外贸专家菲埃索尼(Karina Fiezzoni)在2021年10月接受采访时说,"现在,南方共同市场和中国之间比以往任何时候都更需要自由贸易协定"。目前,中国与南共市的合作升级只是时间问题。中乌双边自由贸易谈判即使未能达成协议,也将为未来中国与南共市的自由贸易谈判做好前期的准备。巴西和阿根廷是中国在拉美最重要的战略伙伴。中国不希望中乌双边自由贸易谈判损害南共市的发展及中国与南共市的关系。因此,中乌在"一带一路"合作,特别是双边自由贸易谈判中应加强与巴西和阿根廷的政治磋商,以增加双边政治互信。

乌拉圭虽然是小国,力量有限,但全球化时代,其作用是不能忽视的。在新时代,中国在重视大国关系、加强与新兴发展中大国合作的同时应加强与小国的合作。中乌在"一带一路"倡议下的经贸合作为中国与其他拉美国家合作起到了积极的示范作用。

乌拉圭政府的"抗疫之战"

王珍娜[*]

摘要：突如其来的新冠肺炎疫情给全球许多国家的医疗、经济、社会发展带来了前所未有的冲击，乌拉圭和世界诸多国家一样，投入了一场抗击疫情的狙击战。近两年的疫情防御，呈现了较大的起伏波动。整体而言，乌拉圭政府抗击疫情的过程中，在经济、教育、民生等多个领域实行了切实有效的防控措施，此外，乌拉圭健全的医疗体系也为疫情的防控提供了坚实的医疗基础，加之政府大力推广疫苗接种，为人民撑起了生命的保护伞。

关键词：乌拉圭政府　新冠　抗疫

2019年年底，新冠肺炎疫情暴发并迅速蔓延至世界多个国家，世界各国相继宣布国家进入紧急状态。2021年3月13日，乌拉圭确诊首例疫情感染，自此，乌拉圭政府和民众开始了一场旷日持久的"抗疫之战"。将近两年的抗击疫情过程中，乌拉圭的疫情控制呈现了比较大的波动：2020年，乌拉圭无疑是全球抗疫的模范生，全年累计病例只有19 100人，死亡病例180人[①]，在疫情强势反弹的南美洲可谓一枝独秀；2021年上半年，受邻国巴西新型变异毒株的冲击，乌拉圭疫情肆虐，5—6月甚至一度成为全球死亡率最高的国家。面临疫情的肆虐，乌拉圭政府积极采取各种措施应对，并加快疫苗接种进程，7月疫情得到有效控制，下半年疫情整体比较平稳。2021年12月29日，乌拉圭确诊首例奥密克戎感染病例，疫情防控再次面临巨大挑战。

乌拉圭政府在抗击疫情的过程中如何控制疫情的扩散、如何降低疫情对社会民生的影响，在疫苗接种方面又表现如何？本文将从如下三个方面进行重点阐释。

---

[*] 王珍娜，西班牙拉斯帕尔马斯大学博士，北京交通大学语言与传播学院教师。
[①] 参见世卫组织官方网站 https://covid19.who.int/table?tableChartType=heat。

乌拉圭年度报告（2020—2021）

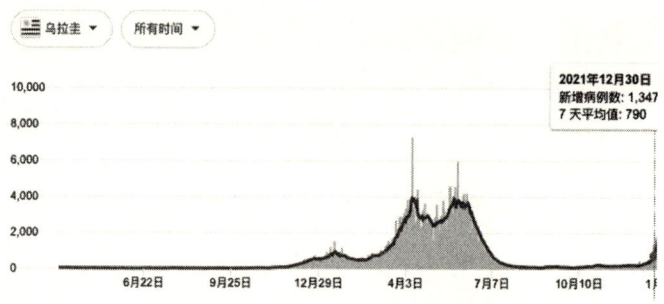

图 1　2020—2021 年乌拉圭疫情图

数据来源：图表数据来自约翰霍普金斯大学全球新冠肺炎疫情大数据。

一、全面抗疫举措

为积极应对疫情，2020 年，乌拉圭同世界主要国家一样，实施了减税增支的积极财税政策及扩张性货币政策。2021 年上半年，尽管乌拉圭再遇疫情反扑，在政府及民众的积极应对下，经济已由衰退下行转向复苏回升。直至 7—8 月防疫状况明显改善且经济活动开始显示强劲反弹迹象后，乌拉圭中央银行于 8 月 17 日宣布将基础货币利率从 4.5% 上调到 5%[1]，其货币价格、银行信贷、贷款及其他金融资产都将上涨。乌咨询公司 CPA Ferrere 预测，乌拉圭经济将在 2022 年恢复到疫情前水平，届时 GDP 增幅将达到 3.4%[2]。

为减少疫情对各行业的冲击，乌拉圭政府宣布，餐饮、地产、体育、教育等行业在 2020 年 4—9 月间（部分行业延长至 11 月）可免于向国家卫生局和国家发电厂支付固定费用。同时，乌拉圭社会福利银行为消费、信贷、储蓄行业的企业提供相应补贴，以减轻其经济负担[3]。

2021 年，乌拉圭中央银行细化了为不同规模企业提供的补贴政策[4]，针对中

---

[1] 参见《乌拉圭中央银行简报》，https：//www.bcu.gub.uy/Comunicaciones/Paginas/COPOM_Comunicado_web_20210811.aspx。

[2] 乌拉圭《国家报》，La Actividad Económica Recuperaría Niveles pre COVID-19 en 2022 Según CPA Ferrer，https：//www.elpais.com.uy/negocios/noticias/actividad-economica-recuperaria-niveles-pre-covid-cpa-ferrere.html，2021/08/02。

[3] Bonificación y Flexibilización de Aportes a Socios Cooperativistas，https：//www.inacoop.org.uy/single-post/2020/05/11/bonificaci%C3%B3n-y-flexibilizaci%C3%B3n-de-aportes-a-socios-cooperativistas。

[4] Beneficios Para Micro y Pequeñas Empresas，https：//auren.com/uy/noticias/439-beneficios-para-micro-y-pequenas-empresas。

小型企业也推出了帮扶政策,如在2021年1月1日—6月30日期间,对于在法律生效前结束的最后一个财政年度的收入不超过1 000万比索①,并且在2020年平均拥有19个雇员以下的中小型企业,可以免于缴纳社会保障养老金。

除了减免和补贴措施之外,2020年3月19日起,乌拉圭中央银行授权金融中介、金融服务公司和信贷管理机构,将非金融部门的信贷期限延长180天,并对无力支付银行及金融机构消费信贷的人群进行定量补助。工业和商业领域,单一纳税人、独资企业和雇员不超过10人的合伙企业,可以推迟缴纳最低增值税的日期:如从6月起分6次等额连续支付3、4月的税费,相当于应付税额的60%,其余40%将完全由国家补贴。同时,增加国家发展署(Agencia Nacional para el Desarrollo,ANDE)的信贷担保基金,金融机构将获得高达25亿美元的信贷。根据ANDE的指导性信贷方案,为直接受疫情影响的公司提供信贷额度,补贴利率由经济和财政部指定。

与此同时,为了防止疫情造成基础卫生物资价格上涨,2020年3月15日,消费者保护局公布了各类卫生产品的销售价格。同时乌拉圭政府还在公共卫生紧急法令的框架内制定了免税进口的产品清单,其中包括公共卫生部门亟须的医疗卫生用品,以应对国家卫生紧急情况,避免投机行为。乌拉圭政府也采取了系列措施以稳定食品药品价格,保证食品零售部门和各类药房的正常运作。自4月以来,政府每周公布由消费者价格信息系统和示范市场发布的基本食品和保健品价格表,包括最低、最高和平均价位,社会发展部还将内陆城市食品供应量增加了一倍,保障食材供应。此外,乌拉圭政府在5月与贸易商、生产商和中间商达成协议,在未来3个月内维持食品、卫生和健康产品的价格平稳,减轻民众负担。

为了应对疫情,同时保证各行业的运转,2020年3月15日起,乌拉圭政府倡导民众实施远程办公,并建议在可能的情况下,将其作为一种替代方案,各单位根据疫情灵活调整办公方式。5月随着疫情的有效控制,乌政府宣布恢复公共行政部门的线下工作活动。2020年年底,乌拉圭疫情开始恶化,为了维护黄色风险等级不升级,政府决定12月2—18日期间国有企业实施远程工作,并鼓励私营企业自愿远程办公。此外政府官员的就职、会议、参展等活动,非有合理理由,都将取消,同时也倡导企业、民众非必要不聚集。2021年3月,由于境外毒株的入侵,乌拉圭国内疫情形势一度严峻,政府下令除保持基本服务外,直至

---

① 乌拉圭官方货币,1美元约折合43乌拉圭比索(根据2021年8月27日汇率)。

4月12日企业将保持关闭状态,鼓励单位和个人居家办公,以降低病毒传播几率。

此外,乌拉圭政府在2020年3月18日及时调整失业保险的使用,大大增加了其灵活性,允许在短时间内快速申请,用以覆盖被疫情首当其冲的食品零售、酒店、餐馆、酒吧、旅行社及其他文化休闲行业,并于次日将这一具有高度灵活性的失业保险计划逐步扩展到所有行业及部门。

2021年5月1日,乌拉圭劳工与社会治安部(MTSS)宣布建立门户网站 Mi Trabajo Futuro,以提供工作岗位信息和咨询服务①。与此同时,MTSS与规划预算办联合起草辅助就业议案,在6个月内将为失业者提供1.5万个工作岗位,该措施将与各省政府共同完成,此议案现等待议会审批。同时MTSS将向议会提交一项法案,修改目前促进就业的规范,特别是针对在就业市场中受疫情冲击较大的年轻人和45岁以上的群体。该法案规定,雇用这两个群体的公司,可以减少其对乌拉圭社会福利银行缴纳的税费②。根据国际社会保障协会(ISSA)4月发布的一份报告,乌拉圭社会保险银行为在2020年1月—2021年3月重新雇用失业人员的旅游企业提供每月8 000比索的免税补贴,最长可领取30个月③。

为了发挥政府官员的表率作用,2020年3月27日,乌拉圭政府宣布设立新冠病毒基金,将政府官员的部分工资、国有企业、国有银行的捐款资助作为基金来抗击疫情。其中针对月收入超过8万比索的公务员,根据其税前工资水平,按照5%—20%的比例进行捐款,为期2个月。该措施将涵盖约1.5万名不同级别的政府官员。

2020年3月起,乌拉圭政府实施了一系列措施,以维护社会秩序,遏制疫情蔓延。3月13日,乌拉圭暂停所有公共活动,并建议民众避免大型集会活动,这一措施一直维持到4月初。同时政府呼吁减少公共客运流动,要求客运公司对

---

① 乌拉圭《观察者报》,¿Qué es y cómo Funciona el Nuevo Portal Mi Trabajo Futuro para Mejorar el Acceso al Empleo? https://www.elobservador.com.uy/nota/que-es-y-como-funciona-el-nuevo-portal-mi-trabajo-futuro-para-mejorar-el-acceso-al-empleo-202155165034。

② 参见乌拉圭劳工与社会治安部2021年6月1日发布的报告 MTSS presentó el Proyecto de Ley de Promoción de Empleo para Sectores más Vulnerables, https://www.gub.uy/ministerio-trabajo-seguridad-social/comunicacion/noticias/mtss-presento-proyecto-ley-promocion-empleo-para-sectores-vulnerables。

③ 参见国际社会保障协会2021年4月6日发布的题为《新冠肺炎期间的失业救济》报告,https://ww1.issa.int/es/analysis/unemployment-benefits-during-covid-19。

员工和乘客采取最大限度的卫生消毒措施。为预防病毒的传播，18日起，乌拉圭警方全天候使用警车巡逻，敦促民众避免在公共场合聚集。2020年12月21日，政府颁布19.932号法律，经议会表决通过，对宪法第37、38条有关内容做出调整①，明确了聚集的法律概念，以便在集会明显损害公共健康时，限制公民的集会权。政府还为12万个家庭提供免费网络服务，并在4月为其赠送50G的免费流量，以鼓励他们留在家里。

乌拉圭政府针对无家可归的流浪人员采取人道主义收容措施，将流落街头的老人转移到收容所，并为易感的老年群体制定行动协议。与此同时，经济和财政部为社会发展部划拨10亿比索，用于延长收容中心的开放时间及建立新的收容所。此外，针对65岁以上老年人，政府积极引导该群体遵守预防性隔离规定，7 000多名65岁以上的中央行政部门、地方各级服务部门的公务员进行远程办公。针对工商、建筑、家政、农业等行业的1.7万名65岁以上从业人员，建立疾病津贴机制，并敦促其遵守卫生防护条例。政府还和乌拉圭超市协会达成协议，在上午8:30—10:00之间优先服务65岁以上的顾客，避免人群拥挤，防止该人群的传染。

疫情期间为了保障公共交通运行，2020年3月20日，乌拉圭政府与乌拉圭运输协会达成协议，为城市公交车、出租车、班车和校车制定卫生消毒条例。4月1日，运输和公共工程部采取强制性措施，将周末的公共交通数量减少50%，并在每次出行后对车辆进行全面消毒。此外，4月13日起，高峰期的公共交通班次将增加一倍，避免车内过度拥挤。2021年5月，乌拉圭再次面临严峻的抗疫形势，疫情带来的连锁反应也对交通部门产生巨大冲击。乌政府拨款5亿比索②，用于恢复因工人罢工而受到影响的公共交通，确保其重新投入运行。

---

① 第一条：出于公共卫生安全需要，对宪法第38条赋予公民的集会权利做出暂时性限制。自本法颁布之日起60天内，禁止在公共或用于公共活动的私人场所不遵守安全社交距离，不采取诸如佩戴口罩、面罩或类似个人防护措施造成"显著卫生风险"的集会、滞留，以阻止病毒传播。第二条：政府有权在各自管辖范围内阻止对卫生安全造成严重威胁、违反有关部门出台的防疫举措而举行的人员聚集活动。但应在按照卫生安全要求基础上遵守平等、非歧视、合理原则。第三条：对于违反本法律人员，有关部门将予以警告并责令整改。
对不遵守本法律人员政府可处以30—1 000浮动货币单位（根据乌平均工资指数水平计算，合3.87万—129.1万乌拉圭比索）罚款，并追究其法律责任。有关罚款将依照19.874号法令用于"新冠病毒团结基金"。
② Medidas del Gobierno para atender la Emergencia Sanitaria por Coronavirus(COVID-19) en Materia de Transporte, https://www.gub.uy/presidencia/politicas-y-gestion/medidas-del-gobierno-para-atender-emergencia-sanitaria-coronavirus-covid-19-3.

乌拉圭年度报告(2020—2021)

  2020年3月23日起,乌拉圭政府开始限制酒吧、餐馆等营业时间,规定其营业时间不得超过午夜,并对客流量进行限制。2021年3月23日,历经一年的严格管控后,政府授权各省允许酒吧、餐馆等在零点后的活动延长2小时①。之后,受变异毒株侵入影响,活动短时间内被暂停,随着疫情好转又陆续恢复正常。

  学生和教师群体在防疫过程中值得重点关注,保障教学秩序是防疫工作的重点之一,乌拉圭政府根据疫情发展,及时对各种教学活动进行动态管控。2020年3月14日,即在乌拉圭报告首批确诊病例的第二天,乌拉圭政府下令,各级公立、私立教育机构立即停课14天,5天之后即通知延长停课时间至4月圣周之后。根据对第一轮疫情的评估,并结合健康和地理状况大数据及学生接受教育类型的整体情况,4月8日,政府宣布除卡内洛内斯省和蒙得维的亚省外的973所农村学校于4月22日复课,学生按照自愿原则参加。5月25日,教师及学校管理人员返回校园,6月1日起,学生分阶段自愿返校。7月8日,除疫情严重的三十三人城外②,在全国范围内恢复公立私立学校的线下教学。从8月3日起,在原有的基础上延长小学、中学和职业教育线下授课的时间,以赶上受疫情影响的教学进度。从10月13日起,全国各地的小学全面恢复正常教学。受疫情影响,自10月21日起,这一计划在里维拉省暂缓执行。

  2021年3月,乌拉圭国内疫情重燃,参考上一年的举措,自3月16日起,在全国各地陆续实施停课政策。直至6、7月疫情得到有效控制,各级学校陆续恢复线下授课。除了动态的停课复课调整,乌拉圭政府还为学校师生提供必要的防疫物资以确保人身安全。2020—2021年疫情期间,各级学校采取了多种形式的预防措施,如严格把控出入校时间,师生严格按组、按序出入校,保持社交距离,教学用具、餐具使用前后进行严格消毒,公共卫生间等场所还配备了消毒洗手液③。

  疫情对于文化体育类活动的影响也非常明显,乌拉圭政府根据疫情的变化

---

① Medidas del Gobierno para atender la Emergencia Sanitaria por Coronavirus(COVID-19) en Materia de Turismo, https://www.gub.uy/presidencia/politicas-y-gestion/medidas-del-gobierno-para-atender-emergencia-sanitaria-coronavirus-covid-19-1.
② Suspenden las Clases Presenciales en la Ciudad de Treinta y Tres Hasta el 3 de Julio, https://ladiaria.com.uy/educacion/articulo/2020/6/suspenden-las-clases-presenciales-en-la-ciudad-de-treinta-y-tres-hasta-el-3-de-julio/.
③ Regreso de Estudiantes a Actividades Presenciales en los Centros Educativos de Capacitación y Producción(CECAP), Dirección General de la Salud, del Ministerio de Salud Pública de Uruguay.

情况,及时调整文体类活动的管控政策。2020年3月20日,由于各类文体活动均被暂停,乌拉圭启用教育和文化部的线上平台①,平台涵盖表演艺术、影视、文学、音乐、儿童、科学及特别活动,并每日更新,供民众免费使用。同年5月,为了减少疫情对文化产业的巨大冲击,政府决定提前征集文化基金,据统计,文化基金募集1500万乌拉圭比索,将被分配给艺术及教学活动,并为区域文化基金募集720万乌拉圭比索。

2021年2月起,全国逐步恢复各博物馆的线下活动,由于抗疫形势日渐严峻,各类文化活动被再次暂停,直至7月,文化活动、公共表演和社会活动才得以重新开放,全国的电影院也从7月陆续开始营业。政府亦明确规定,活动都必须严格遵守公共卫生部的安全防护条例②。

此外,体育类活动也在2020年上半年受到严格的管控,直至2020年6月17日,国家体育秘书处才重新开放全国114个体育场馆,也仅限户外和露天活动。从7月13日起,恢复露天举行的职业及业余足球友谊赛,以及手球、排球和曲棍球的正式比赛。在2021年3月,在政府发布的一揽子抗疫新措施中明确规定在全国范围内暂停业余体育活动,各俱乐部和健身房的更衣室停止使用。直至疫情得到控制后,6月25日,乌拉圭政府重启各项体育活动,但强调活动的开展应遵循公共卫生部发布的疫情防控指南。

境外输入疫情在防控过程中是不可忽视的一环,乌拉圭政府严格把控出入境管理,自疫情发现初期,政府就采取了一系列的边境管控措施:2020年3月13日起,乌拉圭政府宣布关闭部分边境,对来自有疫情风险或有疫情确诊国家的乘客进行为期14天的强制隔离监测。从3月17日起,全面关闭了与阿根廷的陆地、河流和空中边界。3月22日起,暂停了与欧洲的往来航班。3月24日,政府在边境关闭制度的框架下,制定了出入境指南,并劝告滞留国外的同胞与外交部联系,在其官网上填写回国申请。3月31日,乌拉圭外交部、乌拉圭空军和一家私营航空公司达成协议,派专机接回了滞留在巴西圣保罗市的公民。

2020年4—5月,由于邻国巴西疫情迅速蔓延,乌拉圭外交部积极与巴西外交部进行沟通,5月25日,宣布与巴西签订两国卫生协议,以防止COVID-19在

---

① 详见网站 Culturaencasa 平台, https://www.gub.uy/ministerio-educacion-cultura/cultura-en-casa。
② Medidas del Gobierno para atender la Emergencia Sanitaria por Coronavirus(COVID-19) en Materia Cultura, https://www.gub.uy/presidencia/politicas-y-gestion/medidas-del-gobierno-para-atender-emergencia-sanitaria-coronavirus-covid-19-5。

乌拉圭里维拉市的扩散。2020 年年底,受疫情影响,乌拉圭当局决定,自 12 月 26 日起,外国人及旅外乌拉圭公民禁止以任何方式进入乌拉圭境内,直到 2021 年 2 月 1 日,部分边境才对这些乌拉圭人和外国居民开放。2021 年 7、8 月份,疫情情况基本稳定,每日新增在百人左右,乌拉圭政府在 9 月初就逐步放开外国人入境的限制,首先获许入境的是在乌拉圭拥有不动产的外国人。2021 年 11 月 1 日,乌拉圭宣布向所有外国游客重新开放边境,根据总统路易斯·拉卡列·波乌 10 月 28 日颁布的法令,外国人在完成一剂或两剂完整疫苗接种,持出发地乘机前 72 小时核酸检测阴性报告且在网上提交声明文件的,就可以入境乌拉圭[1]。2021 年 12 月 29 日,乌拉圭确认首例奥密克戎感染病例,政府及卫生部立即推出一系列应对措施,如缩短第三剂加强针的等候时间(从 180 天缩短至 120 天),加快推进 5—11 岁的儿童疫苗接种,调整检测及隔离政策,部分就诊实行远程就医,公共部门实行 30 天远程办公等措施[2],以控制新型变异病毒的蔓延。

整体而言,2020—2021 年间乌拉圭政府疫情期间的一揽子抗疫举措达到了较为理想的效果,虽然在 2021 年上半年政府及民众对于抗疫的松懈,加之邻国变种病毒的强势入侵[3],使得疫情一度肆虐,政府较为及时地采取严格管控措施使得疫情恢复平稳。而当前与世界众多国家一样,乌拉圭也面临因奥密克戎引发的新一轮防控挑战。

二、健全的医疗体系

自 2021 年 3 月以来,乌拉圭的抗疫形势日渐严峻,直至 5、6 月疫情肆虐,每日新增新冠疫情感染人数高达两三千人。然而,即使面临巨大的压力,乌拉圭的医疗体系也经受住了疫情的考验,并没有出现严重的医疗物资缺乏或重症病人无处安置等情况。乌拉圭政府在抗疫过程中,健全的医疗体系和占据地区明显优势的医疗资源为疫情的控制提供了坚实的基础。

乌拉圭政府的医疗卫生支出占国民生产总值的比例位居拉美及加勒比海地区第二位(2017 年,9.2%),高比例的财政支出给予乌拉圭医疗事业发展重要的

---

[1] https://ladiaria. com. uy/politica/articulo/2021/11/subsecretario-de-turismo-hoy-uruguay-se-abre-al-mundo-turistico-en-forma-total/.

[2] https://www. gub. uy/ministerio-salud-publica/comunicacion/noticias/nuevas-medidas-adoptadas-desde-ingreso-variante-omicron-pais.

[3] Luke Taylor, "Why Uruguay lost Control of COVID", Nature, 25 June 2021, https://www.nature.com/articles/d41586-021-01714-4.

资金支持。在世界银行及经济合作与发展组织（OCDE，以下简称"经合组织"）联合发布的《拉丁美洲及加勒比海地区健康概况 2020》中，就该地区主要国家应对新冠疫情的医疗条件进行了平行比较。

首先，在医患配比方面，该地区的平均水平是每千人配比 2 位医生，而乌拉圭平均医务人员配比为每千人配比 5.1 位医生，仅次于古巴，位居该地区第二位，该指数亦高于由世界发达国家组成的经合组织所公布的 3.5 的配比指标。[1]

其次，从重症病房配比看，该地区的平均配比为每 10 万人 9.1 个床位，而乌拉圭的配比达到了 19.9 床位，位居该地区第三名，也比经合组织所公布的 12 个床位的配比指标高出 7.2。

每10万人重症病床数

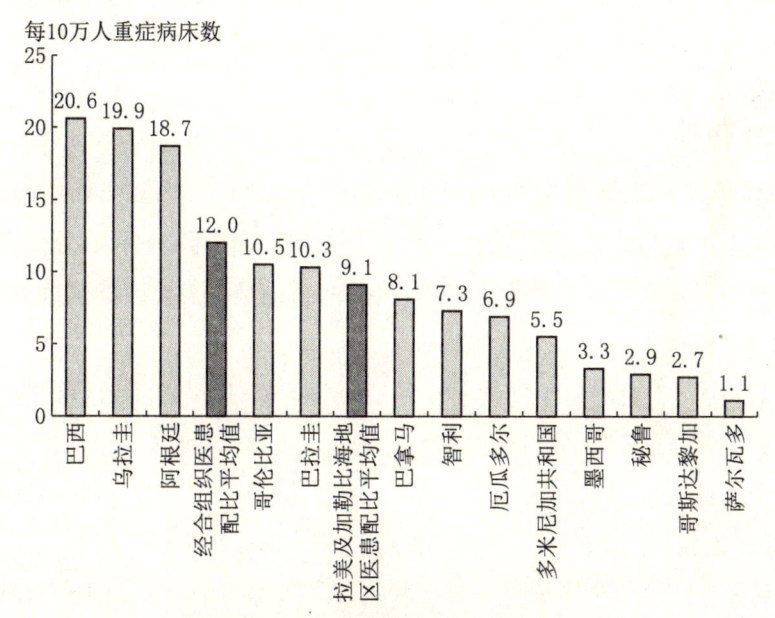

巴西	20.6
乌拉圭	19.9
阿根廷	18.7
经合组织医患配比平均值	12.0
哥伦比亚	10.5
巴拉圭	10.3
拉美及加勒比海地区医患配比平均值	9.1
巴拿马	8.1
智利	7.3
厄瓜多尔	6.9
多米尼加共和国	5.5
墨西哥	3.3
秘鲁	2.9
哥斯达黎加	2.7
萨尔瓦多	1.1

图 2　拉美地区部分国家重症病床配比图

资料来源：引自《拉丁美洲及加勒比海地区健康概况 2020》。

可以说，乌拉圭的医疗条件占据明显的区域优势，甚至两项指数均处在世界一流水平。为 2020 年乌拉圭疫情整体的良好控制及 2021 年较为快速控制德尔塔毒株的扩散提供了优良的医疗保障。自发现疫情以来，乌拉圭政府立即响应，迅速开发检验试剂，2020 年，乌拉圭是拉美地区平均检验率最高的国家。此外，

---

[1] Panorama de la Salud: Latinoamérica y el Caribe 2020, https://www.oecd-ilibrary.org/sites/740f9640-es/index.html?itemId=/content/publication/740f9640-es.

政府迅速组建成立由55位专家组成的名誉科学顾问团(el Grupo Asesor Científico Honorario)[1]，为疫情控制提供科学指导。同时乌拉圭拥有较健全的卫生体系，拥有全国统一的卫生系统(SNIS)，公立和私立医疗机构形成互补，大型多功能医院、诊所与提供上门服务的移动救助站有机结合，并拥有医疗保险及互助医疗等多种形式相结合的保险体系，民众能够得到多渠道救治和保障。乌拉圭还拥有追踪和监测活跃病例的先进技术和经验，医疗系统会仔细排查与确诊病例有密切接触的人员，对检测呈阳性的病例实行严格隔离，对治愈者也会严格跟踪。自2021年3月23日起，政府将新冠病毒感染纳入医护人员的职业病范畴，凡因工作而感染的医护人员均可在隔离首日开始领取政府补贴。完善的医疗体系和科学的抗疫方法成为乌拉圭政府抗击疫情的重要保障。

三、疫苗接种

2021年以来，世界疫情形势仍不容乐观，传染性更强的变异病毒德尔塔也使得拉美多国疫情强势反弹，疫苗接种无疑是阻断疫情传播的最有效手段，乌拉圭政府在为民众提供疫苗及推广疫苗接种方面，也是拉美地区甚至世界范围内的"优等生"。

2021年年初，世界各国陆续开始新冠疫苗的接种，乌拉圭政府积极与世界卫生组织、各个国家及疫苗生产的医药企业展开沟通与合作，为民众预备了相对充足的疫苗储备。自2021年3月1日起，乌拉圭在全国范围内开始新冠疫苗的免费、非强制接种，计划总共近350万人口中的280万人进行接种疫苗。截至2021年12月31日，全国累计完整接种疫苗人数为267万人，占总人口比例的77%，完成疫苗加强针人数为152万，占总人口比例的44%。

乌拉圭政府所采购的疫苗品牌，包括辉瑞、阿斯利康及科兴等，其中来自中国的科兴属于灭活疫苗，安全性比较高，乌拉圭也是拉美国家最广泛使用科兴疫苗的国家。2020年年初，在中国抗疫形势严峻的情况下，乌拉圭是第一批对中国进行物资援助的国家，为中国提供了急需的口罩、医用防护服等防护物资。2021年年初，中国在自身疫苗资源紧张的情况下，仍然为乌拉圭提供了首批疫

---

[1] 参见埃菲社新闻 https://www.efe.com/efe/america/sociedad/uruguay-homenajea-a-su-equipo-sonado-de-cientificos-por-el-apoyo-contra-la-covid/20000013-4582232。

苗的及时支援。2021年2月26日,第一批中国科兴疫苗抵达乌拉圭,3月16日,第二批科兴疫苗抵达乌拉圭。此外,为了保障美洲杯等国际足球赛事的顺利举行,4月中国科兴还为球员及裁判员特别捐赠了一批疫苗①。两国在共同抗击新冠肺炎疫情中建立了深厚的友谊和彼此的信任。

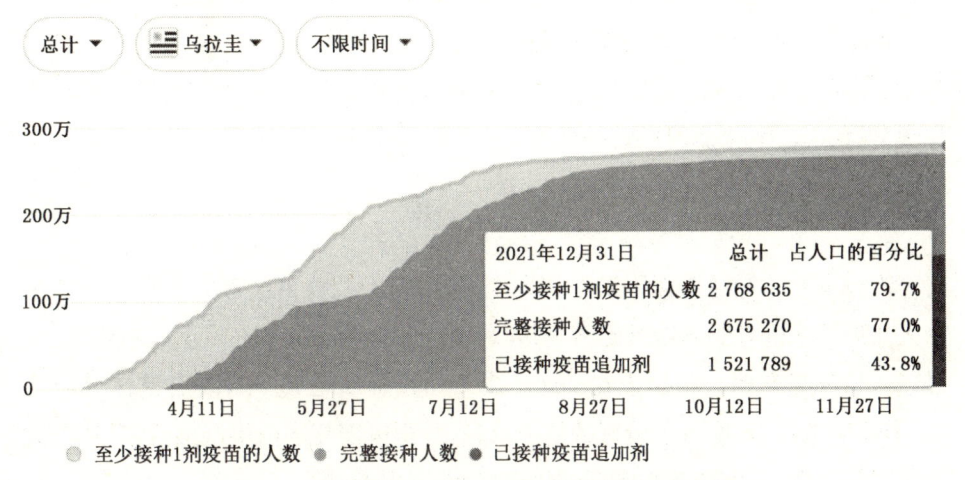

2021年12月31日	总数	占人口的百分比
至少接种1剂疫苗的人数	2 768 635	79.7%
完整接种人数	2 675 270	77.0%
已接种疫苗追加剂	1 521 789	43.8%

图3 至2021年12月31日乌拉圭疫苗接种数据

数据来源:Our World in Data。

2021年3月8日,乌拉圭副总统阿希蒙及公共卫生部部长丹尼尔·萨利纳斯在首都接种中国科兴新冠疫苗。同月29日,总统路易斯·拉卡列·波乌在首都蒙得维的亚的一家公立医院接种了中国科兴疫苗,为中国疫苗投下信任票。乌拉圭驻中国大使卢格里斯在2021年年初接受人民网专访时表示,中国疫苗将在乌拉圭发挥重要作用。在疫苗接种的推广过程中,不仅乌拉圭政要带头接种疫苗,足球明星也积极宣传倡导民众进行疫苗接种,国家队和马竞前锋苏亚雷斯通过推特发文,呼吁人们接种疫苗,"在国家队进球是我每场比赛不断超越自我的信心来源,而疫苗的有效率也是我们的信心来源"②。

在疫苗接种的预约流程上,乌政府也推出了方便快捷的操作,在乌拉圭公共

---

① 郑珺之:《乌拉圭开始为足球运动员接种中国科兴疫苗》,http://m.news.cctv.com/2021/05/07/ARTIZBgaaVhCY35h9eoGrpRt210507.shtml。
② https://www.montevideo.com.uy/Noticias/Luis-Suarez-se-sumo-a-la-campana-de-vacunacion-contra-la-covid-del-Ministerio-de-Salud-uc791589。

卫生部的官网上提供了简洁清晰的疫苗接种预约步骤，包括电话预约、Whatapp、在线预约及通过苹果及安卓系统都可安装的应用程序 Coronavirus 上预约，同时网站还提供疫苗接种电子证明的服务。针对疫情发展的新动态，公共卫生部为接种辉瑞、科兴及阿斯利康疫苗的中度和重度免疫人群及接种科兴疫苗的人群提供第三针加强针的接种，该服务可以直接在线预约[1]。根据现有数据，接种科兴疫苗可以降低 95% 的重症率和 97% 的死亡率[2]。面对严峻的抗疫形势和相对紧缺的疫苗资源，乌拉圭政府为民众积极构建疫苗防护，并多渠道推进疫苗接种，保护人民的生命财产安全。

结　语

当今世界正在经历百年未有之大变局，新冠肺炎疫情全球大流行加速了这个大变局的演进，国际政治、经济、科技、文化、安全等格局正在发生深刻调整，世界进入动荡变革期。乌拉圭在 2020—2021 的"抗疫之战"中，政府整体反应迅速，多项措施并举，取得了较好的抗疫效果，并积极恢复国内生产生活，对外积极寻求国际合作，在大变局中不断开拓新局面、发现新机遇。

---

[1] 参见乌拉圭公共卫生部网站，https://www.gub.uy/ministerio-salud-publica/coronavirus。
[2] https://www.chinanews.com.cn/gj/2021/05-30/9488481.shtml。

乌拉圭产业结构现状与展望

赵 术*

摘要：历史上，乌拉圭经济多次出现起伏波动，近年来，乌拉圭经济增速减缓，这与其产业结构调整息息相关。乌拉圭经济对特定产业和资源依赖度高，产业发展协同性欠缺，基础设施建设滞后，内生发展动力不足，作为小型开放型经济体，经济运行易受国际环境影响。乌拉圭推进产业布局优化可从以下方面发力：产业结构调整，摆脱对农牧业过度依赖；通过政策推进、协调产业发展，增强基础设施建设；扩大融资渠道；建立地区性产业链等。

关键词：乌拉圭经济 产业结构 政策选择

乌拉圭地处南美洲，国土面积 176 215 平方千米，其中 95% 土地适用于农耕。人口稀少，仅为 352 万，有"南美瑞士"之称。优越的自然条件使得该国农牧业发达，成为经济支柱。自 2012 年以来，乌拉圭人均 GDP 一直位列南美洲首位，2003—2019 年连续 17 年经济保持正增长，2020 年受疫情影响，经济呈现负增长。强烈的起伏波动是乌拉圭经济运行的一个突出特点，这与其产业结构有着密切关系。作为农业大国，其产品出口对国际市场需求依赖程度高，易受到外部环境变化影响，相较之下，第二、第三产业发展相对滞后。在后疫情时代，未来乌拉圭实现可持续发展亟待进一步优化产业结构。

一、乌拉圭产业结构发展回顾[①]

乌拉圭建国是 1828 年阿根廷与巴西两国签署和平条约的结果。同拉美经

---

* 赵术，北京交通大学教师。
① 本段内容主要参考 Torres, Sebastián, *Uruguay：Perfil Económico-productivo, desafíos para la Transformación Social-ecológica*, 2019；Millot, Julio y Bertino, Magdalena, *Historia Económica del Uruguay*(Tomo I, II, III)，以及佟亚维：《乌拉圭东岸共和国近代史研究》(2019 年)等资料研究。

济一样,乌拉圭经济也经历了四个阶段:外向型(传统农牧业出口主导型)阶段(1828—1929);内向型(进口替代工业化)阶段(1930—1959);自由主义(1960—1989)——新自由主义阶段(1990—2004)和进步主义阶段(2005年至今)。与此同时,该国经济经历了若干经济周期。

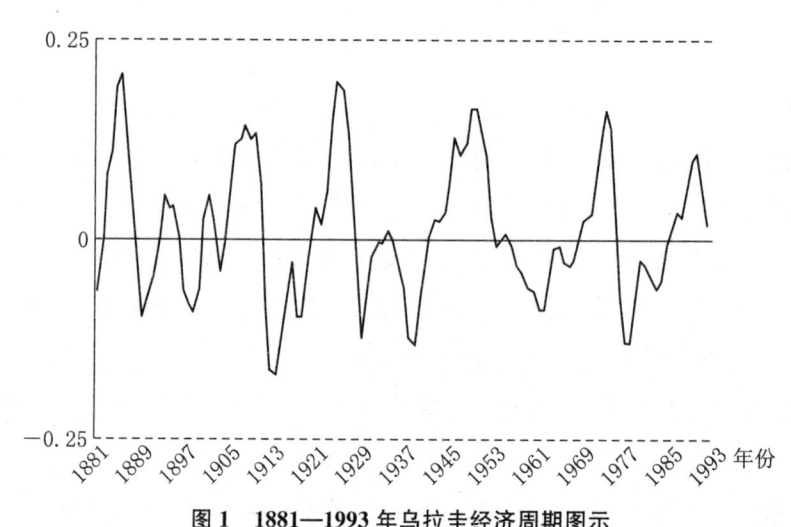

图 1　1881—1993 年乌拉圭经济周期图示

数据来源:*El Ciclo Económico de Uruguay 1998—2012*(Bértola et al.,2014)[①]。

1828—1860 年,乌拉圭经济呈现两个阶段的增长:第一个阶段是 1828—1842 年,第二个阶段是 1852—1860 年。1828 年之前的独立战争和 1842 年的格兰德河战役使得两个阶段的经济增长都是从衰败的经济状况开始的。因此这两个经济增长阶段都经历了漫长的经济复苏和强劲的贸易及物质生产增长。这两个阶段乌拉圭的产业结构相比殖民时期的经济结构没有太大变化,以农牧业(养牛)、腌肉交易为主,其他制造业产品(砖、瓦、管道、肥皂、铁艺或木质产品等)方兴未艾。

直到 19 世纪 60 年代产业结构才开始出现变化,开启了第一次现代化进程。这一时期,乌拉圭虽然政治仍然动荡混乱,但战争的结束使得农牧业出现转机,牲畜存栏数倍增长,出现了产能过剩的现象。在这种情况下,牧场主们开始将资金投向羊毛生产。一方面,养羊需要的牧场面积更少;另一方面,获得牛肉需要

[①] www.colibri.udelar.edu.uy/jspui/bitstream/20.500.12008/4678/1/DOL%20UM%2033.pdf.

屠宰场,而获得羊毛不需要,且羊毛不断生长。从外部环境来看,当时欧洲市场对羊毛需求量大。在外部需求的拉动下,乌拉圭国内兴起了一场"羊毛革命"。在这一背景下,乌拉圭经济逐渐向外向型经济转型,但贸易逆差的局面长期存在。

1860—1875年间,乌拉圭贸易赤字逐渐扩大。贸易不平衡的现象在19世纪60年代被经济繁荣景象所掩盖,直到70年代初突然爆发的金融危机凸显了产业结构调整的必要性。

1876年拉托雷(Lorenzo Latorre)上校任临时总统,采取了一系列措施来稳定经济:规范了由于金融危机而暂停的金本位制,回笼流通领域过剩的纸币;拉网围栏,确认农村土地所有权;实行品牌注册制等。在这些政策的帮助下,牧场主积极改良畜种,增加牛肉和羊毛产量,到了19世纪80年代,羊毛首次超过牛肉和皮革成为首要出口产品。1876—1886年间,产品产量增长补偿了国际市场价格的下跌。1882年,乌拉圭外贸出口呈现了微弱的顺差。另一方面,这一时期的乌拉圭经济对英国资本过度依赖。英国公司掌控了铁路、供电、自来水、天然气等基础设施和服务,大量商业利润流向国外。同时,工业在移民的推动下逐渐兴起。食品、饮料、鞋、家具等消费品生产日益发展。政府采取的贸易保护主义措施也促进了民族工业的发展。1890年,交通、建筑和工业发展渐渐超过了畜牧业产品的发展。同时,随着英国经济衰退,乌拉圭再度爆发经济危机。

直到1895年国际市场农牧产品价格上涨,出口和外部贷款为经济注入新的活力,乌拉圭才走出经济衰退。到1905年内战结束后,随着羊毛的高价,冷冻产品的出现,农业的发展、建筑业进入高潮和工业的进步,乌拉圭各个经济领域的发展又达到一个高峰。

乌拉圭经济在20世纪前30年也经历了两次经济增长最好的时期,即1902—1912年及1922—1930年。

1911年,巴特列(José Batlle y Ordóñez)总统的"巴特列主义改革"(batllismo reformista)意味着乌拉圭产业结构的又一次转变。巴特列在其第二次执政期间(1911—1915)采取了一系列经济改革政策:保护关税;将电力、交通运输、自来水、银行等涉及基本民生服务的行业收归国有,对英国资本实行限制;控制基本服务价格水平;保护国家经济主权,打破部分行业私营垄断,鼓励和保护民族工商业的发展。这些政策奠定了国民经济发展的基础,也开启了经济结构的第二次现代化进程。

然而，19世纪延续下来的农业出口模式有其局限性，受出口下降及价格波动影响，乌拉圭经济在1913—1914年经历了一次严重危机，从那时起到1943—1944年，乌拉圭经济进入了长时期的转型期，逐渐形成了一个以进口替代工业化为特点的新型经济模式。

1922—1930年间，乌拉圭经济企稳向好，除纺织业外，各产业部门均增势可观。随着经济的发展，产业工人数量增多。但随着20世纪30年代世界经济大萧条的到来，国际贸易萎缩，出口市场减少、价格下降，导致外汇收入减少，乌拉圭比索贬值。本币购买力下降，导致进口成本升高，进而阻碍工业生产。这一萧条的状况一直持续到第二次世界大战结束。

各国战后重建拉动了乌拉圭肉类和羊毛的出口，促进了乌拉圭经济增长，出口额增加使外汇储备和共和国银行的黄金储备不断增加，为进一步发展工业，政府实施了多重汇率制度，即支持重点产业发展的行业间区别汇率制。

20世纪50年代，路易斯·巴特列（Luis Batlle Berres）总统推出了"新巴特列主义"（neobatllismo）思想。大力推进工业化进程，广泛实行社会福利政策。政府进一步强化进口替代工业化政策：通过财税政策为工业部门减负并给予补贴；采取关税保护主义措施，限制工业制成品进口，鼓励工业原材料进口；利用进出口配额制使对外贸易服务于工业发展；通过管控汇率，从农牧产品出口商处低价购入美元，再高价出售给进口商，利润经由共和国银行以低息贷款等形式最终投入工业生产领域。

新巴特列主义推动了乌拉圭工业的发展，1945—1955年间，乌拉圭的工业产值增速在全世界名列前茅，食品业、纺织业发展迅速，冶金工业、电力工业、橡胶工业、化学工业得到全面发展。但与此同时，受国际环境影响，乌拉圭农产品的国际竞争力遭到削弱，对外出口受到沉重打击，货币贬值。进口生产原料成本的增加，凸显了国内市场规模小这一抑制工业发展的结构性问题。继而，许多工业基础设施停建，工厂倒闭。另一方面，农牧业停滞不前，牧场主不愿投入资金进行技术改良，而是通过买卖土地投机渔利或将资金存入银行。进出口的低迷导致国家税收下降，但财政开支难以缩减，缺乏GDP增长和巨额公共部门赤字证明了政府政策效率低下。

在又一次的经济危机背景下，1959年乌拉圭经济部长阿西尼（Juan Eduardo

Azzini)大幅调整国家经济政策,放弃国家干预主义,实行自由主义经济政策。取消各类旨在推进工业化的政府补贴、外贸导向及汇率调控,实施货币、外汇政策改革,用自由市场汇率取代多重汇率制。改革措施导致比索大幅贬值,工业部门需要在本币贬值的情况下应对自由涌入的进口商品的竞争和冲击,大量工人失业。失业救济、公职人员薪资、养老金等公共开支使国家财政严重赤字。相比之下,农业部门获得更有利的发展条件。然而,比索贬值使得许多牧场主不愿投入资金提高生产率,而是通过买卖土地赚取短期收益或将资金存入银行观望。

1963年,乌拉圭政府建立的投资和经济发展委员会(Comisión de Inversiones y Desarrollo Económico,CIDE)发布经济社会情况调研报告,指出了经济社会的结构性弊端:土地所有制不合理,技术发展滞后,内需不足,社会分配体制不健全等,并提出了应对危机的原则,但并未得以实施。伴随着乌拉圭经济情况迅速恶化,通货膨胀愈演愈烈,失业率攀升,投机行为泛滥,人们纷纷将资产转移国外,国内经济形势每况愈下。1965年,多家银行破产,比索严重贬值。人民会议要求进行土地改革,对银行业和对外贸易实行国有化。20世纪60—70年代的乌拉圭,经济萎缩,政治动荡,民族解放运动频发。乌拉圭急需一个更加适合的经济结构。

军政府(1973—1985)将促进经济增长视为重要的施政方向,实施了重大经济改革,为将停滞的经济重新定位到外部市场,政府大力扶持出口,实行财政激励(提供补贴)和信贷优惠政策。进口方面,消除进口贸易壁垒,实行自由主义政策。政府着力吸引外资和发行债券,存入银行的外资可享受绿色通道及高存款利率,因而吸引了许多阿根廷投资者。另一方面,政府重点支持渔业和建筑业发展,推进大型基础设施建设及住房建设。这些举措推动了经济增长,出口、投资和GDP均大幅增长。1974—1977年间,乌拉圭GDP年均增长3.6%,1978—1981年间,乌拉圭GDP年均增长4.74%。

然而,这一时期经济的增长建立在政府高杠杆和银行日益美元化的基础上。外汇管制取消后,美元(主要来自阿根廷的房地产投资)流入乌拉圭,乌拉圭银行业向国内的私营公司和牧场主提供美元贷款。1982年,为吸引外资而实行的高美元存款利率政策遇冷,国际游资大量撤出。为了避免银行系统危机,政府出资收购部分银行的不良资产,这令因外债利息支出和军费开支本就脆弱的乌拉圭财政体系难以为继,乌拉圭陷入了严重的金融危机。

1986—1987年,乌拉圭经济从衰退中复苏。1986年实际GDP增长了

8.81%,1987年增长了7.99%。乌拉圭加强了与巴西和阿根廷的贸易往来,再次把重点放在出口方面,扩大产品出口类别,逐步实现贸易顺差。但在很长一段时期内乌拉圭政府债务问题仍无显著改观,经济增长对少数农产品过度依赖,国内投资水平较低,这些因素都决定了乌拉圭经济增长基础仍然比较薄弱。

1990年3月拉卡列(Luis Alberto Lacalle de Herrera)出任总统后,支持私有化,坚持出口的持续多元化,包括服务的出口。1991年,乌拉圭加入了南方共同市场,与阿根廷、巴西、巴拉圭一起成为南共市的正式成员国。南共市的宗旨是通过一体化措施实现成员国间货物、服务以及生产要素的自由流动。通过建立共同关税、协调宏观经济政策及行业政策等措施最终达成成员国之间的共同贸易政策。由于与阿根廷、巴西等国经济的良性互动,旅游业、电力行业、农业和林业有了较快发展。20世纪90年代,乌拉圭GDP年均增长3.7%。1990—2000年间,通胀率由106.8%降至3.5%。但实际工资水平陷入停滞,对外债务持续攀升。

2002年,乌拉圭遭遇有史以来最严重的一次经济危机。2000年爆发的阿根廷经济危机给乌拉圭经济带来毁灭性的打击。2002年年初乌拉圭出口额骤减,旅游业、银行业遭受重创。乌拉圭央行无力维持汇率政策,比索贬值,物价上升,工资购买力下降,失业率攀升。1999—2002年,GDP连续多年呈现负增长。

随着阿根廷、巴西两国经济形势好转,2003年起,乌拉圭经济开始复苏。由于国际市场,尤其是亚洲市场对农牧产品的旺盛需求,出口经济向好。除传统项目外,大豆等产品的出口也改善了贸易收支情况,旅游业、林木业领域的投资逐渐恢复,乌拉圭还建立起第一批保税区。

2004年巴斯克斯(Tabaré Vázquez)出任总统后开启了乌拉圭经济发展的第四阶段:后新自由主义阶段。巴斯克斯政府推行了税制改革,设立阶梯个人所得税制。同时,为减少对外能源依赖,乌拉圭大力发展乙醇工业,利用甘蔗、高粱等作物提取乙醇。2004—2008年间,GDP年均增长6%。

2008—2009年,全球经济危机又一次阻断了乌拉圭的经济涨势,2009年GDP仅增长4.2%。乌拉圭政府通过增加货币供应、加大政府支出和投资,扩大社会需求,使得2010年GDP增幅达到了7.8%。但自2011年起,乌拉圭经济增速放缓,又转入下行态势,2020年受疫情影响,GDP出现负增长(-5.9%)[1]。

---

[1] 本段GDP数据来源:世界银行,www.worldbank.org/en/home。

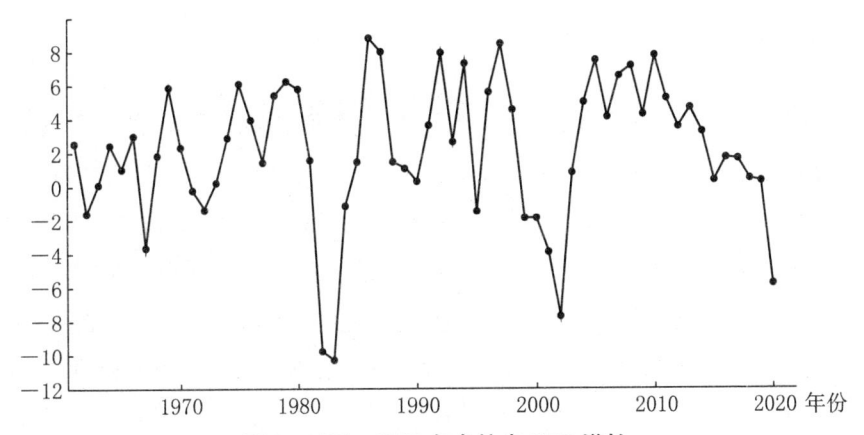

图 2　1970—2020 年乌拉圭 GDP 增长

数据来源：世界银行，www.worldbank.org。

二、乌拉圭经济结构现状

表 1　2019 年乌拉圭 GDP 产业构成及占比

	产值（百万美元）	GDP(%)
总计	55 995	
第一产业	3 303	5.9
第二产业	12 258	21.9
制造业	6 573	11.7
采矿业	232	0.4
建筑业	5 454	9.7
第三产业	33 567	59.9
批发和零售业	5 442	9.7
房地产服务	9 049	16.2
教育与卫生	6 367	11.4
公共管理和国防	3 008	5.4
交通运输和通讯	3 023	5.4
金融业	2 874	5.1
旅游业	2 160	3.9
其他第三产业	1 644	2.9
税	6 866	12.3

数据来源：*Doing Business Uruguay*（Deloitte，2020）。

（一）现状

乌拉圭三大产业主要构成情况如下：第一产业主要由农业、畜牧业、林业和渔业构成；第二产业主要为制造业（包括加工生产）、建筑业、采矿业、电力煤气和水的生产供应业；第三产业主要包括旅游业、金融业、交通运输业、通信业、批发和零售业。从三大产业经济增加值来看，第三产业占比最重，2019年占比59.9%[1]，第二产业次之，占比21.9%，第一产业（不包括农产品加工品）占比最小，只有5.9%。吸纳就业人口方面，第一产业占比8.4%，第二产业占比18.8%，第三产业占比72.8%[2]。

1. 第一产业

乌拉圭是传统农牧业大国，近年来随着第二、第三产业发展，第一产业在GDP中占比有所减少。2019年，第一产业实现增加值33.03亿美元，占当年乌拉圭国民经济收入的5.9%，虽然与第二、第三产业相比，产值占比相对较低，但在现代乌拉圭经济中，第一产业依然扮演着十分重要的角色。农牧业产品的生产和出口是推动乌拉圭经济走出2002年经济危机的重要引擎，2019年，农牧业和农牧业加工产品出口额52亿美元，约占全部商品出口额的66%[3]。

从产业相关性来看，第一产业为第二、第三产业提供生产和生活资料，比如，林业生产的木材为建筑业提供了建筑材料，畜牧业生产的羊毛为服装加工业提供了原料来源，畜牧养殖同时也为餐饮行业提供了食材。乌拉圭第二产业中的农产品加工、建筑业，第三产业中的物流、旅游等行业，也均与第一产业有密切联系，如果将与第一产业直接相关的农产品加工业和木材加工业产值计入第一产业增加值，则其在2019年乌拉圭国民经济中的占比约13.5%，如将其他间接关联的产业增加值计入，这一占比则会更高[4]。

---

[1] 由于2020—2021年突发新冠肺炎疫情，影响了乌拉圭各行业经济状况，本段选取2019年数据作为参考。

[2] 数据来源：*Doing Business Uruguay*，2020，Deloitte，https://www2.deloitte.com/content/dam/Deloitte/uy/Documents/tax/Doing%20Business%20INGLES.pdf。

[3] 根据 *Informe de Comercio Exterior 2019*，Uruguay XXI 数据计算，www.uruguayxxi.gub.uy/en/information-center/article/foreign-trade-annual-report-2019/。

[4] 根据 Deloitte 和 Uruguay XXI 数据计算。

从吸纳的就业人口来看,第一产业为乌拉圭提供了大量工作岗位。截至 2019 年年末,农业及农产品加工业就业人数约为 20.6 万人,占全国就业总人数的 14%①。此外,由于农牧业在乌拉圭经济中占基础性地位,有大量涉农业务的小微企业,这些企业也为社会提供了许多工作岗位。

农业方面,耕地和农产品产量都在增加,农耕用地面积达 1 640 万公顷,主要作物包括小麦、发芽大麦、大豆、玉米、高粱、大米、燕麦、甘蔗和柑橘类等。其中柑橘类是重要出口产品之一,37% 的柑橘类产品销往乌拉圭国内市场,20% 的柑橘类产品用于食品工业,约 43% 用于出口,出口量占南半球柑橘类出口的 5%。其他水果类产品包括苹果、梨、桃子、油桃、李子和葡萄等②。

畜牧业产品(主要是牛和羊)是乌拉圭经济的支柱产品,同时支撑着屠宰、羊毛加工和皮革制造等行业。近年来乌拉圭大力拓展亚洲市场,中国成为其第一大出口对象国,牛肉出口量逐年增多,2019 年,牛肉出口额达 17.98 亿美元。乌拉圭乳制品生产主要为奶酪和奶粉,2019 年,乳制品出口达到 6.49 亿美元,较上年增长 7%,成为乌拉圭第四大出口产品③。

林业方面,乌拉圭森林面积 184 万公顷,2018 年,纤维素出口额达 16.6 亿美元,成为 2018 年第一大出口产品。2019 年,出口额下降 8%,降为第二大出口产品。木制品出口额为 3.59 亿美元,相比 2018 年也有所下降④。

渔业资源主要来自阿根廷和乌拉圭普拉塔河协议(Tratado del Río de la Plata)规定的公共捕鱼区、大西洋东南海域以及冷水区。近年来产量下降,近 10 年该行业就业人口下降 30%。捕捞以石首鱼和鳕鱼为主,种类超过 50 种,91.2% 为海鱼,5.7% 为淡水鱼,2% 为贝类,1.1% 为甲壳类⑤。

因国内需求量小,农产品及农业加工品多用于出口,在对外贸易中占重要位置,主要出口中国、巴西等国家。牛肉、大豆、乳制品和大米是四大食品类出口产品。

---

① 数据来源:*Sector Agronegocios*. 2020,Uruguay XXI,p.17,www.uruguayxxi.gub.uy/en/information-center/article/agribusiness/。

②③④⑤ 数据来源:*Informe Económico y Comercial de Uruguay*. 2020,Oficina Económica y Comercial de España en Montevideo,pp.6—7,p.7,p.8,p.8。

2019年，乌拉圭纤维素出口世界排名第三(仅次于巴西和印尼)，奶粉、羊毛出口位居世界第四，大豆出口居世界第六，牛肉出口居世界第七，大米出口居世界第九。

2. 第二产业

随着进口替代工业化政策的推行，乌拉圭工业在20世纪40—80年代发展迅速，1980年达到GDP占比的30%[①]。之后，随着市场开放带来的去工业化进程以及第三产业发展，工业发展有所滞后，2019年，工业增加值在当年乌拉圭GDP中占比21.9%。

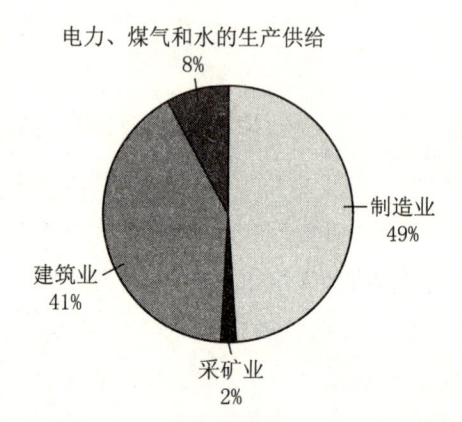

图3 2019年乌拉圭第二产业GDP分布情况

数据来源：乌拉圭央行BCU数据。

乌拉圭第二产业以加工制造业为主，主要为农牧食品(包括冷冻食品、乳制品、大米制品、罐头等)加工。随着UPM公司和Montes el Plata公司在乌工厂的设立，木业和纸业取得较大发展。此外，得益于海关临时免税进口政策，化工、制药也取得一定发展，但同时纺织业、皮革业、服装业逐渐没落。

采矿业方面，由于乌拉圭国土面积较小，自然资源有限，仅有一个金矿，主要矿产包括玄武岩、白云石、石英、花岗岩和大理石，是水泥和半宝石(玛瑙和紫水晶)的主要生产国。

---

① *Informe Económico y Comercial de Uruguay*. 2020，Oficina Económica y Comercial de España en Montevideo，p.8.

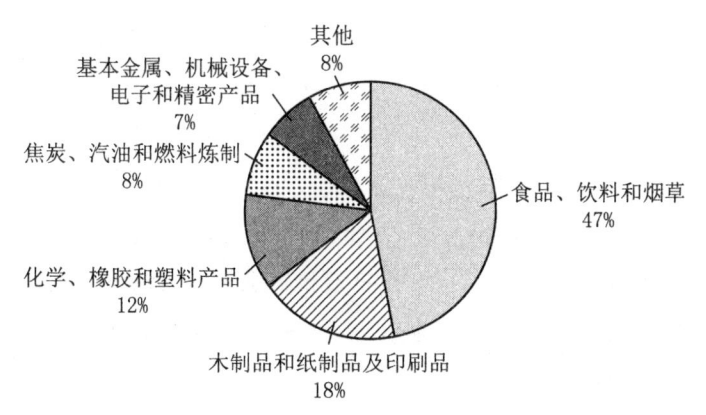

图4 2019年乌拉圭制造业生产构成

数据来源：*Doing Business Uruguay*(Deloitte, 2020)。

建筑业方面，建筑业与其他产业关系密切，从原材料开采、生产到建筑，再到房地产交易，可以带动上下游多个产业，提供众多就业岗位。但受阿根廷限制资本外逃政策影响，建筑业自2016年开始出现衰退，2019年年末开始有复苏迹象。

值得一提的是，乌拉圭在能源转型方面非常成功。目前已广泛和成熟利用的新能源类型包括水能、太阳能、风能等非化石能源。2019年，乌拉圭98%的电力能源来自可再生能源。据世界经济论坛（WEF）统计，有效促进全球能源转型指数（Fostering Effective Global Energy Transition Index）位居第11位[1]。

总体上，乌拉圭工业生产在2016年开始陷入停滞，当年产值仅增长0.3%，2017年产值负增长，为-3.5%，2018年增长1.87%。2019年，工业生产指数同比降低9.9%，产值同比增长1.07%[2]。

3. 第三产业

第三产业在乌拉圭GDP中占比约60%，吸纳约2/3的就业人口。包括旅游业、金融业、交通运输业、通信业等服务行业以及批发和零售贸易。

旅游业同时可带来餐饮、交通、住宿和出口方面的创收，其重要性不言而喻。

---

[1] *Energías Renovables*. 2020，Uruguay XXI, p. 3, www.uruguayxxi.gub.uy/en/information-center/article/renewable-energies/.
[2] 数据来源：*Informe Económico y Comercial de Uruguay*. 2020，Oficina Económica y Comercial de España en Montevideo, pp.8—9，www.icex.es/icex/es/navegacion-principal/nuevos-exportadores/formacion/pasaporte-al-exterior/index.html.

乌拉圭是南美地区第一个接待游客数量与该国人口数相当的国家。2016年,接待游客超330万人,相当于该国人口数的98%[①]。2017年,乌拉圭外国游客达到390万,收入23.34亿美元,2018年,旅游业产值同比下降5.8%,2019年,继续下降13.2%。2019年,旅游服务出口创收17.54亿美元[②]。主要旅游目的地除首都蒙得维的亚外,还包括大西洋沿岸的海滨城市:从埃斯特角向北至乌拉圭巴西边境,向西至蒙得维的亚。此外,拥有世界遗产的科洛尼亚也是旅游热门城市。乌拉圭政府制订了国家旅游业计划2009—2020,该计划已更新延长至2030年,大力推进旅游业。

金融业方面,乌拉圭拥有相对稳定开放的金融体系,乌拉圭政府对资本跨境流动没有限制,也不实施外汇管制措施。乌拉圭金融体系由2家国有银行、9家私有银行及其他金融机构组成,国有银行市场占有率高。

表2 乌拉圭主要银行2019年营业收入及其市场占比

金融机构	百万美元	市场占比(%)
桑坦德银行 Banco Santander	7 869	18.3
伊塔乌联合银行 Banco Itaú	6 294	14.6
毕尔巴鄂比斯开银行 BBVA	4 612	10.7
加拿大丰业银行 Scotia Bank	3 842	8.9
汇丰银行 HSBC	1 732	4.0
花旗银行 Citibank NA	422	1.0
瑞士荷瑞达银行 Banque Heritage	461	1.1
委内瑞拉国家发展银行 BANDES	158	0.4
阿根廷国家银行 Banco de la Nación Argentina	80	0.2
私有银行总计	25 469	59.2
Banco República Oriental del Uruguay 乌拉圭东岸共和国银行	17 553	40.8
私有银行+乌拉圭东岸共和国银行(BROU)	43 022	100.0

数据来源:*Sector Financiero en Uruguay*(Uruguay XXI,2020)。

---

① *Informe Turismo*. 2017,Uruguay XXI,p.3,www.uruguayxxi.gub.uy/en/information-center/article/tourism/.
② *Informe Económico y Comercial de Uruguay*. 2020,Oficina Económica y Comercial de España en Montevideo,p.27,www.icex.es/icex/es/navegacion-principal/nuevos-exportadores/formacion/pasaporte-al-exterior/index.html.

交通运输业方面,乌拉圭是其所在地区的物流中心,物流服务收入连年增长。政府有意将乌拉圭打造成南共市的物流枢纽。但配套的基础设施和资源管理还有待完善。港口运输占交通运输的70%,最主要的港口为蒙得维的亚港,承载航运量的85%,其他6个重要港口位于乌拉圭河沿岸:新帕尔米拉(Nueva Palimira)、弗赖本托斯(Fray Bentos)、萨尔托(Salto)、派桑杜(Paysandú)、科洛尼亚(Colonia)和胡安拉卡泽(Juan Lacaze)。公路总长8 783千米,明显不能满足国内日益增长的林业和粮食运输需求;铁路由3条主干线组成,总长3 002千米,由于基础设施陈旧,铁路平均时速仅有每小时20—25千米;此外,由于国土面积小、人口少,乌拉圭航空运输发展相对落后①。

乌拉圭服务业中,电信业是乌拉圭国内最具发展活力的行业之一,拥有拉美地区最高的固定宽带互联网普及率、收费最低的移动网络及最快的下载速度。自20世纪80年代中期起,乌拉圭软件生产呈现持续增长,特别是近几年增长迅猛。信息及通信技术行业成为乌拉圭第三大出口产业,2019年产值达到15亿美元,占GDP的2.5%②。

批发和零售业方面,乌拉圭市场开放度高,近年来多个国际零售业巨头进驻乌拉圭。2008—2018年,批发和零售业年均增长4.1%,是拉美地区人均零售值最高的地区。约有大小型市场、商店、超市3万家,2018年零售总收入为31.68亿美元。电子商务对推动该行业发展起到越来越重要的作用。2019年,超过170万人进行过网上购物。此外,2019年该行业吸纳从业人员约15万人,占就业人数的10%③。

房地产方面,2019年不动产交易额减少12%,每平方米均价上涨4%,近几年房价上涨浮动超过通货膨胀率。房地产服务业2019年吸纳就业27 867人,同比降低3.7%④。在吸引外国直接投资方面,房地产业表现良好,2012—2019

---

①② *Informe Económico y Comercial de Uruguay*, 2020, Oficina Económica y Comercial de España en Montevideo, pp.10—12, p.10, www.icex.es/icex/es/navegacion-principal/nuevos-exportadores/formacion/pasaporte-al-exterior/index.html。
③ 数据来源:*Sector Retail*. 2020, Uruguay XXI, pp.2—8, www.uruguayxxi.gub.uy/en/information-center/article/retail-report-2020/。
④ 数据来源:*Sector Inmobiliario*. 2020, Uruguay XXI, pp.3—14, www.uruguayxxi.gub.uy/es/centro-informacion/articulo/sector-inmobiliario/。

年占外国直接投资总量7%①。

出口方面,近年来服务出口蓬勃发展,出口结构也出现较大变化。除了传统服务(交通和旅游)外,一些科技通信和企业实务类非传统服务迅速兴起。2010—2019年,乌拉圭全球服务出口年平均增长6%,2019年较上一年增长2%,其中非传统服务行业增长3%,旅游业增长1%,交通运输服务下降1%。非传统服务角色日益重要②。

(二) 新冠肺炎疫情的影响(2020—2021)

新冠肺炎疫情给乌拉圭经济和社会发展带来严重影响,特别是在2020年第二季度疫情暴发之初,经济受到巨大冲击,第三季度经济有了较大回暖,但由于第四季度疫情恶化,政府采取部分社交限制政策,经济复苏再次放缓③。2020年乌拉圭经济出现衰退,GDP呈现负增长(-5.9%),货币贬值,通胀率增高。

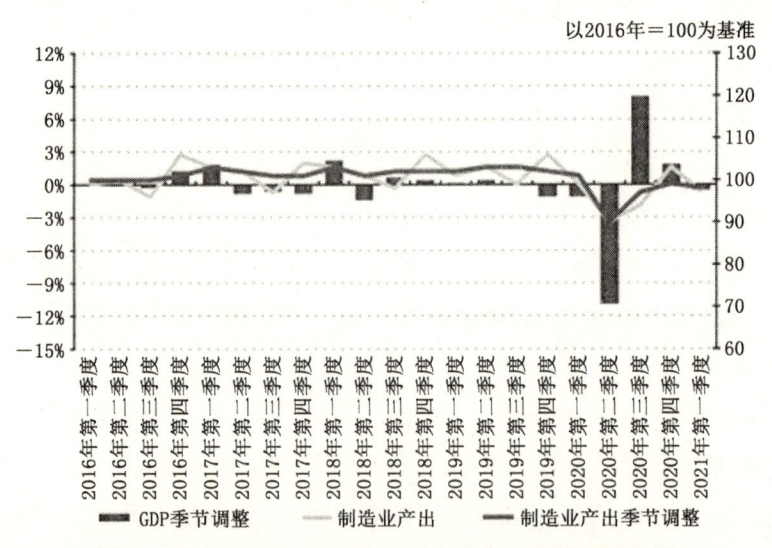

图5 2016年1月—2021年1月乌拉圭GDP季度变化图

数据来源:*Informe de Cuentas Nacionales Primer Trimestre*(Banco Central del Uruguay, 2021)④。

---

① 数据来源:*Inversión Extranjera Directa en Uruguay*. 2020, Uruguay XXI, p.19, www.uruguayxxi.gub.uy/en/information-center/article/foreign-direct-investment-ied/。

②③ 数据来源:*Servicios Globales de Exportación*. 2020, Uruguay XXI. p.3, www.uruguayxxi.gub.uy/en/information-center/article/global-services/。

④ www.bcu.gub.uy/Estadisticas-e-Indicadores/Paginas/Ultimo-informe-disponible.aspx。

从新冠肺炎疫情对乌拉圭经济的影响路径来看,疫情突发给乌拉圭经济的外部环境带来了负面结果。同时,因应对疫情采取的社会隔离措施也使乌拉圭国内经济活动受限,在短期内加重了疫情对经济的负面影响。

1. 外部影响

疫情的外部影响主要集中在两方面:贸易方面(商品和服务进出口)和金融方面。

商品出口方面,疫情背景下,作为乌拉圭第一出口对象国的中国在2020年第一季度开始需求大幅下降,导致以牛肉、大豆、纤维素等农产品出口为主导的乌拉圭对外商品贸易下降,2020年第一季度的商品出口额同比减少11%[①]。此外,乌拉圭对其重要贸易伙伴阿根廷和巴西的出口量也出现下降。由于对这两个国家的出口以制造业产品为主,短期内难以转向其他出口对象国。此外,出口额的下降也给乌拉圭劳动力市场带来负面影响。乌拉圭的主要出口对象还包括美国和欧盟,这两个地区的疫情变化也影响了乌拉圭出口的短期表现。

2020年全年,乌拉圭商品出口额(包括自贸港)80.76亿美元,较上年降幅12.5%[②]。随着疫情形势好转,中国和巴西等国需求回暖,2021年,乌拉圭商品出口开始复苏,第一季度同比增长20.5%[③]。

进口方面,2020年,乌拉圭对以巴西、中国为主的几大进口对象国的商品(汽油及其衍生产品除外)进口额下降5%。2020年,乌拉圭对中国进口额同比减少了11%。乌拉圭主要进口产品为:车辆、农业用化学原料、服装、塑料及食品。这主要给在产业链中使用进口产品的工商业带来影响[④]。

值得一提的是,原油和汽油的进口依然稳定。原油价格的下降减缓了燃料价格的上涨,这对国内产业链意义重大。乌拉圭国有石油公司ANCAP近年来积极购买原油期货,在短期内保证了乌拉圭国内油价的稳定,疫情对原材料价格的冲击也有所缓解。与外贸出口情况相同,随着疫情形势好转,2021年上半年

[①②④] 数据来源:*Informe de Comercio Exterior 2020*,Uruguay XXI,p.4,p.1,p.9,www.uruguayxxi.gub.uy/en/information-center/article/foreign-trade-annual-report-2020/。

[③] 数据来源:*Uruguay:La Pandemia se Descontrola con Bajo Apoyo a la Reactivación Económica y a los Grupos Vulnerables* (Gabriela Mordecki),Informe de Economía del Uruguay de Cesla (12/2020-05/2021),www.cesla.com/archivos/informe_economia_uruguay_mayo_2021.pdf。

进口有所回暖,第一季度同比增加 11.9%⑤。

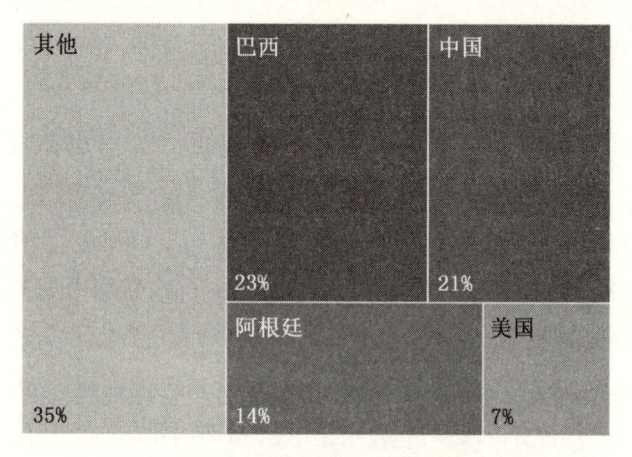

其他	巴西	中国
35%	23%	21%
	阿根廷 14%	美国 7%

图6　2020年乌拉圭主要进口对象国及占比

数据来源:*Informe de Comercio Exterior 2020*(Uruguay XXI, 2020)。

服务出口方面,国际服务领域受影响较小,这得益于该行业的灵活性和远程可操作性,但仍然面临物流、安全性、基础设施等方面的挑战。而由于防疫措施升级,政府关闭了边境,旅游业不可避免地遭受重创。

金融方面,疫情影响还表现在对乌拉圭比索汇率的影响。乌拉圭和拉美其他国家一样,都经历了本币的大幅贬值,虽然相比于拉美其他国家乌拉圭比索的贬值幅度相对较低,但相对于新西兰、澳大利亚等其主要出口产品的竞争对手国来说,乌拉圭比索的贬值幅度更大。短期来看,这对以农产品为主要出口产品的乌拉圭来说是一个利好,因为其产品出口可以以更低的价格在国际市场上进行销售。但另一方面,乌拉圭比索的贬值降低了国际购买力,对于进口型的企业来说,提高了进口商品成本,从而间接推升了国内物价水平。

另外,外国直接投资也不可避免地受到影响。世界投资报告(*World Investment Report*,WIR)预计,2020—2021年,外国直接投资将大幅下降。由图7可见,拉美地区预计直接投资下降幅度最大。

---

⑤ 数据来源:*Uruguay: La Pandemia se Descontrola con bajo Apoyo a la Reactivación Económica y a los Grupos Vulnerables* (Gabriela Mordecki),Informe de Economía del Uruguay de Cesla,www.cesla.com/archivos/informe_economia_uruguay_mayo_2021.pdf.

表3 全球外国直接投资及主要区域外国直接投资变化

	单位：十亿		变化
	2019年	2020年（范围）	
发达经济体	800	480—600	-40%—25%
欧洲	429	240—300	-45%—30%
北美地区	297	190—240	-35%—20%
新兴经济体	685	380—480	-45%—30%
拉丁美洲和加勒比地区	164	70—100	-55%—40%

数据来源：Foreign Direct Investment (Uruguay XXI, 2020)。

2. 内部影响

自第一例确诊病例出现开始，为了防止疫情扩散，乌拉圭政府颁布了一系列社会隔离措施，如风险地区返回人员或有症状人员观察隔离14天，关闭边境，暂停外国居民和乌拉圭公民境外旅行，停运欧洲航班，暂停演出、露营及公共度假中心活动，关闭商场，暂停线下教育，减少周末交通运输，限制非食品方面的城镇交易市场等。同时，政府呼吁民众尽可能减少国内出行和以工作或休闲为目的的日常社交活动。

在这些政策作用下，社会交通出行减少，燃料需求下降，除商场和药店外，包括机场、车站等公共场所客流量大量减少，旅游和休闲娱乐等相关行业受创，产品供应受阻，乌拉圭的经济活动陷入低迷状态，对劳动力市场也带来了冲击。另一方面，伴随着全球经济活动的减少，企业盈利和家庭可支配收入的降低也影响到对各行业的需求，同时疫情影响也导致消费者偏好改变，从而给部分行业带来冲击。

表4 乌拉圭不同行业需求和供给受疫情影响程度

乌拉圭主要行业	相对比重（%GDP）	就业比重（%）	就业数量	平均薪酬	供给受影响程度	需求受影响程度
第一产业	6.3	8.3	135 323	26 120	低	中
工业	12.0	10.3	168 093	31 192	中	中

续表

乌拉圭主要行业	相对比重（%GDP）	就业比重（%）	就业数量	平均薪酬	供给受影响程度	需求受影响程度
贸易	9.7	17.5	285 437	26 122	高	高
宾馆和餐饮	3.9	3.9	62 995	21 624	高	高
建筑	9.7	7.3	118 780	28 005	中	中
信息和通信	1.9	2.2	35 472	53 703	低	高（+）
运输和仓储	3.5	5.0	81 380	36 807	高	高
能源、天然气和水	2.3	1.2	18 907	41 536	低	中
公共管理和国防	5.4	6.6	107 010	42 384	低	低
卫生和社会服务	6.5	8.4	136 915	35 971	低	高（+）
教育	4.9	6.8	110 530	35 075	高	中
其他行业/服务	33.9	22.6	367 336	27 085	中	中
	100	100	1 628 178			

数据来源：*Social and Economic Impact of COVID-19 and Policy Options in Uruguay* (Capurro et al., 2020)。

由上表可见，各个行业不同程度遭受冲击，受疫情影响最严重的是贸易、宾馆和餐饮以及运输和仓储，这些行业受到需求和供应方面的双重打击。除了陷入瘫痪的旅游业，其他服务业方面，卫生服务和金融服务并未受到重大影响，但艺术、文化、休闲及个人服务类活动，由于禁止演出、避免人员聚集措施的执行，也纷纷受到重创。

工业方面，受供应链影响，对中间产品依赖度高的产业受影响较大。部分人员密集、高运输需求的工厂关停。需求下降极大影响了一些特定产业，如对外部市场依赖度高的冷冻行业。乌拉圭工业品商会调查问卷显示，中小型企业，特别是面向国内市场的非食品饮品企业，在疫情中受影响更大，如服装业、鞋业等。截至2021年第一季度，唯一呈现增长的行业是对外部环境依赖度较低的建筑业。虽然该行业在2020年第二季度出现下降，但随着UPM公司工厂项目和几条公路项目的开展,在之后几个季度即恢复涨势。

相比之下,第一产业活动受冲击较轻。社会隔离政策对于生态化生产过程和食品供应影响不大。仅少部分肉类生产企业由于在冷冻阶段需要员工密集操作运转受限。但在出口方面,也受到包括欧盟在内的全球市场需求下降的影响。

3. 应对措施

面对疫情,乌拉圭政府采取应对措施,一方面,为保护弱势人群和弱势企业,出台了一系列措施,包括扩大失业保险范围;延迟小微企业缴纳税务和社会保险;增加和扩大社保局的支持措施;65 岁以上国企员工居家,为 65 岁以上私企提供疾病补贴;将新冠肺炎纳入卫生人员职业病;为房贷分期提供优惠;为基本保障家庭提供网络服务等政策。另一方面,为避免出现债务清偿问题,减少经济运营扭曲,实行以下政策:加强对受疫情影响严重行业的企业融资支持;为中小企业提供专项贷款;放宽国家发展署对小微企业贷款准入标准;授权金融机构为非金融行业提供贷款延期;临时降低银行机构存款准备金,释放流动性,刺激信贷投放等①。

国际货币基金组织在报告中评价:乌拉圭以稳固的体制应对新冠肺炎疫情,但之前存在的宏观经济失衡问题依然延续;政府为应对疫情采取了恰当的措施;虽然目前病例数居高,随着外部环境转好,疫苗接种迅速,预计 2021 年下半年经济复苏加速;政府财政政策应该继续支持经济复苏,并为中期经济增长奠定基础;政府采取的货币政策值得称赞;经济结构改革是刺激经济中期发展的必要条件;对弱势群体的保护是经济复苏和改革成功的关键;政府 2020 年采取的审慎宏观调控政策和在改革方面取得的进步为目标的达成提供了保障②。

---

① Capurro, Alfonso et al. *Social and Economic Impact of COVID-19 and Policy Options in Uruguay*. 2020, UNDP, p. 29, www.latinamerica.undp.org/content/rblac/en/home/library/crisis_prevention_and_recovery/impacto-social-y-economico-de-la-covid-19-y-opciones-de-politica.html.

② *Uruguay*: *Declaración al Término de la Visita del Personal en 2021*, www.imf.org/es/News/Articles/2021/05/25/mcs052521-uruguay-staff-concluding-statement-of-the-2021-staff-visit#:~:text = Uruguay%3A%20Declaraci%C3%B3n%20al%20t%C3%A9rmino%20de%20la%20visita%20del, mayor%C3%ADa%20de%20los%20casos%20a%20un%20pa%C3%ADs%20miembro.

三、乌拉圭产业结构评价及展望

（一）产业结构评价

乌拉圭作为南美小型经济体，经济总量较小，2019年国内生产总值约560亿美元，在南美国家中仅排名第八，但得益于该国相对稳定的政治环境和长期以来实施的经济促进政策，乌拉圭经济发展水平较高，且由于人口数量少，乌拉圭人均 GDP 较高，2019 年人均 GDP 达 15 914 美元，在南美国家中排名第一①。

从产业结构看，得益于得天独厚的地理优势，乌拉圭拥有农牧业和林业发展的有利条件，长期以来，第一产业是乌拉圭经济支柱性产业，在历次经济危机中，充分发挥经济压舱石和稳定器的作用，在较大程度上平滑了危机对乌拉圭经济的冲击，使经济长期以来能够保持连续正增长。

近年来，随着乌拉圭政府不断深入实施致力于产业结构多元化政策，第二、第三产业取得了较快发展，相比之下，第一产业的发展速度滞后于国民经济整体发展。根据乌拉圭央行的数据，2003—2019 年间，乌拉圭国民生产总值累计增长了 84%，而农业产值的累计增长率只有 23%，明显落后于国民经济整体增速。

乌拉圭第二产业主要为食品加工业、木材加工和造纸业等，与第一产业关联度较高。由于乌拉圭自然资源相对贫乏，政府十分重视保障能源供给，近年来乌拉圭在能源转型方面取得显著成绩，水能、太阳能、风能等清洁能源在乌拉圭能源结构中的占比越来越高，2019 年，乌拉圭 98% 的电力能源来自可再生能源。但总体来看，乌拉圭第二产业发展仍然存在结构较为单一、产值相对较低、发展相对缓慢的问题。

第三产业是乌拉圭经济产业结构中占比最高的产业，主要为旅游业、交通运输、金融服务等产业，近年来，乌拉圭政府致力于服务业多元化发展，地区总部经济、外包服务等新型产业发展迅速，为乌拉圭服务业注入了新的发展动力。当前新冠肺炎疫情的严峻形势对乌拉圭服务业造成较大冲击，旅游业、交通运输等产业受到较大影响。

---

① 数据来源：*Sector Agronegocios*, 2020, Uruguay XXI, p.79, www.uruguayxxi.gub.uy/en/information-center/article/agribusiness/。

从国际贸易角度来看，乌拉圭是典型的外向型经济体，2019年进出口总额在该国国民生产总值中的占比超过51%①。在乌拉圭出口结构中，第一产业生产的产品在出口中占据主导地位，2019年，农牧产品和林业产品出口额70.9亿美元，在当年商品出口总额中的占比超过90%。长期以来，乌拉圭的主要出口对象国为阿根廷、巴西等南美地区国家。近年来，乌拉圭不断拓展国际贸易伙伴，加大对亚洲和欧盟国家的商品出口力度，2017年以来，中国超过巴西成为乌拉圭最大的商品出口国，也是乌拉圭第一大贸易伙伴国②。

总体来看，乌拉圭经济总量较小，产业结构相对单一，经济增长主要依靠第一产业及其相关产业产品出口带动，近年来商品出口种类和出口对象国虽然有所增加，但集中度仍然较高，经济发展易受国际市场需求和气候环境影响，具有一定的脆弱性。新冠肺炎疫情对乌拉圭经济造成较大冲击，2020年经济出现负增长。长期来看，乌拉圭仍需要进一步提高产业结构和出口结构的多元化程度，不断寻找经济发展新的增长点，才能实现经济稳定增长。

（二）乌拉圭产业结构展望

乌拉圭国家预算报告（2020—2024）关于产业在2021—2025五年计划中提出以下目标③：

工业、能源和矿业方面：完善基础设施，继续推动制造业、农产品加工业、高科技产业和新型创新产业，包括影视、音乐、图书出版等文化产业，提高产业竞争力；推动燃料行业转型，加强能源行业转型；提高最具活力行业，尤其是数字科技、影视产品和生物科学的创新性和创造力；为电信行业创造一个有竞争力的生态系统；推动矿业的中长期战略可持续发展。

农牧业方面：落实体制改革，改变地区发展政策的管理，加强关于所有权负责制和动物福利的政策，通过数字化服务加强生产；通过公共财政措施促进地区发展，帮助地区应对环境变化，应对虫害，迅速恢复生产，保障国家卫生检测和植

---

① 根据 *Sector Agronegocios*，2020，Uruguay XXI，p.79提供的数据计算。
② 根据 *Informe de Comercio Exterior 2019*，Uruguay XXI数据计算，www.uruguayxxi.gub.uy/en/information-center/article/foreign-trade-annual-report-2019/。
③ *Exposición de Motivos*，*Proyecto de Ley de Presupuesto Nacional 2020—2024*，pp.91—106，www.gub.uy/ministerio-economia-finanzas/presupuesto2020-2024。

物卫生检测;加强产品品种管理和人力资源管理。

  旅游业方面:推动旅游产业多元化,建立一个成熟、创新有活力的旅游业,开展文化旅游;通过数字创新技术推动旅游业创新,建立一个智慧旅游模式,推广和加强研发创新项目;将旅游业视为生产的发展动力,加强国内、地区内和国际的乌拉圭旅游推广。

  从政策方面看,乌拉圭政府规划依然采取谨慎调节政策,在保证传统农牧业发展的同时,着力完善基础设施建设,继续推动工业发展,重视包括通信和数字科技及新型创新产业在内的新兴产业,大力推动旅游业。但面临复杂的外部环境,产业结构调整紧迫性加大。

  从地区内部环境看,一方面,包括乌拉圭在内的拉美地区刚经历了一轮超级大选周期,拉美各国新政府经济政策及政局存在不稳定性;另一方面,公共债务高引发偿债风险,阿根廷金融市场波动可能会引发传染效应。此外,新冠肺炎疫情冲击可能重塑拉美地区国家生产、贸易、区域一体化的新格局,促进生产结构多元化、减少对进口制成品的依赖、加强区域内经济一体化等。

  国际环境方面,疫情同时加剧了本已处于经济下行周期的乌拉圭所面临的风险。世界经济低迷、贸易保护主义反复、大宗商品价格波动、国际金融市场动荡等都会给乌拉圭经济带来负面影响。

结　　语

  疫情的不确定性和外部环境的复杂性给乌拉圭产业结构调整带来了阻力,但也带来了契机。旅游业发展严重受阻,但疫情冲击在第一产业和全球服务业的不明显表现使得乌拉圭经济可以尽快复苏,并成为南美地区受疫情影响最小的国家。如果能够根据外部形势采取有效应对措施,积极推动产业结构调整,将为其实现经济中长期持续发展打下良好基础。

乌拉圭的农业经济

刘 莹[*]

摘要: 乌拉圭是一个传统的农业国家,农业经济在该国一直占有相当重要的地位,在经历近400年的发展和20世纪末21世纪初的变化与转型后,农业经济更是成了该国经济发展的重要驱动力。本文将分别介绍乌拉圭农业生产部门最为重要的畜牧业、种植业和林业,梳理其发展历程、分析其现状以及在该国经济发展中所发挥的作用。

关键词: 乌拉圭 畜牧业 种植业 出口

一、乌拉圭农业情况综述

乌拉圭地处南美洲东南部,南临拉普拉塔河,东南濒临大西洋,属南半球副热带湿润气候,虽然受到安第斯山脉干燥的西风影响,但由于临近海洋,又有巴西暖流流经,降水颇多,为农牧业的发展提供了有利的条件。1997—2019年,农业部门(种植业、畜牧业、林业)得到了极大的发展,农业部门的国内生产总值在2002—2019年间平均每年增长2%[①]。

2019年,乌拉圭农业生产部门(种植业、畜牧业、林业)及其相关生产部门(造纸、食品加工、烟草等)为乌拉圭贡献了6%和5%的GDP。此外,其他部门,如运输、仓储和通信等,也与农业部门的发展密切相关。

根据BPS[②]的统计数据,截至2021年4月,农业部门的直接从业人数约为20.6万人,占全国就业总人数的14%。其中,就业人数最多的是养牛业,有5.9万多人。其次是混合农业,其从业人数约有2.3万。

根据乌拉圭牧农渔业部数据[③],乌拉圭现有1 640万公顷土地用于农牧业,占

---

[*] 刘莹,语言学博士,北京交通大学语言与传播学院教师。
[①] Uruguay XXI (2020), Informe Sectorial Agronegocio.
[②] Banco de Previsión Social:CIIU Rev. 4:01, 02, 10, 11, 12, 16 y 17.
[③] 参见乌拉圭牧农渔业部消息,https://www.mgap.gub.uy/DieaAnterior/Forms/AllItems.aspx?RootFolder=%2fDIEA%2fDocumentos%20compartidos%2fregiones&FolderCTID=0x012000C93BD2D6989B574D95AAB4D9C333E749。

全国土地面积的90%以上。乌拉圭的农用土地主要用于畜牧业,共有1 340万公顷,占农业土地面积的81.7%。耕地面积约为160万公顷,占农业土地面积的9.8%。林业面积100万公顷,占农业土地面积的6.5%。其他农用占地为33万公顷,约占2%,包括用于播种的土地和非生产性土地。从土地使用情况可以看出,各个生产部门在农业生产中的比重:畜牧业为乌拉圭农业生产最重要的部门,种植业次之,随后是林业部门。以上三个部门在GDP中所占比重也与其土地占用情况一致。

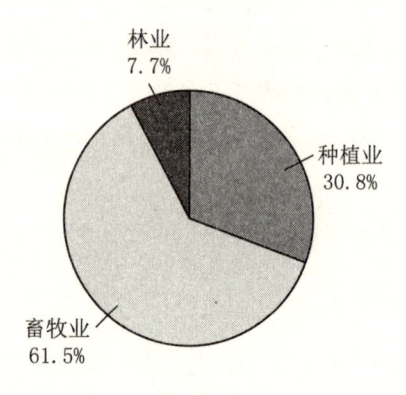

	生产总值(百万美元)	所占农业部门比例(%)	所占GDP比例(%)
种植业	1 119.9	30.8	2.0
畜牧业	2 239.8	61.5	4.0
林业	279.975	7.7	0.5

图1　2019年乌拉圭各农业生产部门所占比例①

据乌拉圭牧农渔业部估算,该国的农产品出口总额可以满足世界其他地区2 800万人的粮食需求②。2019年,乌拉圭出口农产品达51.32亿美元,占当年该国出口商品总值的68%。其主要的出口农产品是牛肉(24%),其次是纤维素(20%)、大豆(13%)和奶制品(9%)③。

---

① 参见乌拉圭中央银行数据,https://www.bcu.gub.uy/Estadisticas-e-Indicadores/Paginas/Presentacion%20Cuentas%20Nacionales.aspx。
② 《乌拉圭牧农渔业部报告(2017)》,*Uruguay Agrointeligente—Los Desafíos para un Desarrollo Sostenible*, Montevideo。
③ 参见乌拉圭海关数据,https://www.aduanas.gub.uy/innovaportal/v/15657/1/innova.front/encomiendas.html。

乌拉圭农业良好的发展态势也为该国吸引了大量的外国投资。根据 Uruguay XXI 统计，2008—2019 年年间，乌拉圭农业部门吸引外资约 47.21 亿美元。2016—2019 年，农业综合企业在投资中的份额约占 COMAP(Comisión de Aplicación de la Ley de Inversiones, COMAP, 乌拉圭投资法执行委员会)推动的总投资的 30%[①]。乌拉圭的农业生产部门及其产业链在经济中发挥着关键作用，是该国经济发展的重要驱动力。

二、乌拉圭畜牧业

1611 年，总督埃尔南达利亚斯(Hernandarias)开始在乌拉圭河以东的土地放牧牛马，这成了乌拉圭畜牧业的开端。随着时间的推移，畜牧业在该地区逐渐发展兴盛，其皮革业成了西班牙皇室原材料的供应商，在 17 世纪，皮革几乎是唯一的出口产品。这一时期，甚至出现了一些村庄、城市、水路和道路都以皮革业相关职业或人们养牛的地点命名，如法厄那罗斯(Faeneros, 养牛的人)、科兰布罗斯(Corambreros, 皮革商)、潘多(Pando, 山间平地)、罗查(Rocha, 已开垦的土地)等。

畜牧业在进入乌拉圭的第二个百年里(1750—1850)得到了迅速的扩张。由于这一时期土地主要集中在受皇室青睐的人手中，因此出现了巨大的庄园，Francisco de Alzaibar、Francisco Martínez de Haedo、Francisco García de Zúñiga、José Joaquín de Viana 等人拥有 7—35 万公顷的土地[②]。

1781 年，乌拉圭第一家大型屠宰场在科罗尼亚省落成。1836—1843 年，乌拉圭牛羊的存栏量有了一个爆发式的增长，大型屠宰场也增加到了 24 个。此时，畜牧业已经成为这个国家重要的财富来源。这一时期，乌拉圭最重要的出口商品是矿石、皮革和羊毛。

1850 年，乌拉圭独立战争结束后，土地价格大幅下降。这使得许多田地转到当地富有的农场主或英国、爱尔兰、法国、德国和西班牙移民手中。他们组成了新一代的牧场主，将领导畜牧业生产的现代化进程，结束所谓的"皮革时代"。正是这些企业家，为乌拉圭的畜牧业带来了新的活力。1865 年，农场主罗伯特·杨引进了赫里福德牛。这种牛饲养经济、耐寒能力强、早熟多产、肉质优良，是公认

[①][②] Uruguay XXI (2020): *Informe Sectorial Agronegocios*, Montevideo.

的优秀肉牛品种。今天,乌拉圭是世界上拥有最大的赫里福德牛群的国家。

为了应对国家所经历的政治和社会不稳定的局面,这些企业家还推动了乌拉圭农协会的成立(1871 年),并推动了畜牧业超越性的变化,如羊的系统性繁殖、牛的杂交、田地的划分和肉类工业化的试验①。

1868 年,乌拉圭商人 Federico 资助了制冷机项目,并将开发的制冷机安装在货轮上。1876 年,货船 Le Frigorifique 号抵达拉普拉塔河,这一事件对于乌拉圭的农产品出口有着非凡的意义,因为正是从这个时候起,肉类可以冷藏保存运输,为该国肉制品进入欧洲市场提供了必要的条件。继皮革和羊毛之后,肉类也成了该国出口商品。至 19 世纪末,乌拉圭的农产品价格在国际上持续走高,进一步推动了农牧业的发展。

20 世纪初,由于世界处于战争时期,客观上促进了国际市场对粮食的需求,同时,作为肉类消费主要市场的欧洲由于将大量的人力和物力投入战争,无法实现肉类的自给自足。这一切都为乌拉圭的牛肉出口创造了有利的条件。该国牛肉出口量占商品总出口量的比例从 1906—1910 年的 16.7% 增加到 1920 年的 46.1%②。

1930 年之后,乌拉圭的畜牧业发展缓慢,其在国家经济中的比重日益下降,从 1910 年占国内生产总值的 43% 降至 1943 年的 27%③。在研究了当时国际牛肉和羊毛出口量及价格以及乌拉圭国内畜牧业的发展情况后,Magadalena Bertinot 和 Héctor Tajam 指出④,这个时期畜牧业停滞不前的状态与国内外的供需无关,而是由以下三个原因造成的:草场的生产力受限。天然草地的生产能力无法无限制地扩大,同时由于土地的使用状态已相对稳定,无法通过大量扩充草场面积来增加生产力。牛的繁殖率低。由于乌拉圭畜牧业管理缺陷和草场条件受限,使得牛营养不足,造成生长缓慢、繁殖率低;绵羊饲料不足。

为了改变这一状况,乌拉圭畜牧业进行了一系列的技术革新⑤,如通过杂交提高肉质,通过筛选育种来提高单头羊的毛产量,以在不增加存栏的情况下提高羊毛的收成。同时,乌拉圭政府颁布了《动物卫生法》,大力推广设立农技站,还

---

① Alcides, B., *Agricultura y Modernización, 1840—1930*, Universidad de la República, 2011, Montevideo.
② Esteban, M. (2009), *La Ganadería Bovina del Uruguay del Siglo XXI*.
③ Bertino, M. y Tajam, H. (1999), *El PBI del Uruguay 1900—1955*, Montevideo.
④⑤ Bertino, M. y Tajam, H. (2000), *La Ganadería en el Uruguay 1911—1943*, Montevideo.

加大了国家对肉类市场的干预,加大对肉类生产的补贴,并成立了肉类协会,在国际谈判中代表肉类生产商进行定价。

经过一系列的措施和努力,乌拉圭畜牧业开始进入新的发展期,牛羊存栏量、出口量持续增加。如今已建成了先进的育种系统和肉类溯源系统①,全境有3.8万多个混合牲畜养殖场,牛羊存栏量分别为1 200万和1 050万头,是世界主要的牛肉和羊毛出口国。

1. 养牛业

养牛业是乌拉圭最重要的农业产业之一。该国宜人的气候、肥沃的土壤和丰富的水文,为牛在户外天然牧场的自然养殖提供了良好的基础,使乌拉圭的牛肉具有天然、安全、高营养、脂肪量低和口感独特的优势。该国牛肉产品享有很高的国际声誉,出口到45个国家,乌拉圭也是世界第七大冷冻牛肉出口国和第十八大冷藏牛肉出口国②。

2006年9月1日,乌拉圭颁布17.997号法令,要求该国所有的牛在出生后6个月必须到动物登记处登记,并建立严格的追踪溯源档案,以便保证其产品质量。该系统已被要求最严格的国际市场广泛接受,并使乌拉圭在肉类产品的可追溯过程中成为世界的样板③。

乌拉圭的肉类产量约有70%用于出口,自2013年以来,动物屠宰量一直呈上升趋势。2019年,牛的存栏量从1 150万头减少到1 120万头,减少了3%。同时,屠宰量继续增长,达到220万头④。牛肉传统上是乌拉圭的主要出口产品。2019年,它在出口产品中排名第一,份额为20%,总额为17.84亿美元,比2018年高出10%⑤。

根据乌拉圭牧农渔业部的数据⑥,乌拉圭被授权向65个市场出口各种肉类

---

① Raul,G. *Ganadería en el Uruguay*,INAC.
② 参见联合国国际贸易中心Trademap数据,https://www.trademap.org/Index.aspx。
③ Uruguay XXI(2020),Informe Sectorial Agronegocios.
④ 参见乌拉圭肉类协会报告,https://www.inac.uy/innovaportal/file/18282/1/consumo-de-carnes-2019.pdf。
⑤ 参见乌拉圭肉类协会数据,https://www.inac.uy/innovaportal/v/6754/4/innova.front/informes-estadistico。
⑥ 参见乌拉圭牧农渔业消息,https://www.gub.uy/ministerio-ganaderia-agricultura-pesca/comunicacion/noticias/mercados-carnicos。

产品。除肉类外,这些产品还包括食用内脏、肉罐头、肉精、脂肪、肠衣和肉粉等,但其出口的肉类制品主要是冰鲜肉和冷冻肉。其中,冰鲜肉是优质肉,主要销售往肉类单价较高的欧盟地区,冷冻肉则销往肉类进口价格相对较低的中国、北美、巴西等国。

表1 按切割方式划分的牛肉出口价格(2019年)[1]

部 位	美元($)/吨	主要目的地
鲜/冷藏—脊肉—后四分体肉块	11.297	欧盟
冻藏—脊肉—后四分体肉块	7.445	欧盟
鲜/冷藏—前四分体肉块	6.832	欧盟
鲜/冷藏—其余部分—后四分体肉块	6.636	欧盟
冻藏—去骨—后四分体	4.193	中国
冻藏—其余部分—后四分体肉块	4.185	中国
冻藏—前四分体肉块	4.016	中国
冻藏—其余部分	3.718	中国
冻藏—前四分体	3.483	中国
冻藏—	3.426	北美自由贸易区
鲜/冷藏—去骨—后四分体	3.340	北美自由贸易区
鲜/冷藏—去骨—前四分体	3.292	北美自由贸易区
鲜/冷藏—前四分体肉块	2.896	巴西
冻藏—绞肉	2.855	法属波利尼西亚
冻藏—碎肉(香肠原料肉)	2.673	中国
冻藏—后四分体肉块	2.664	中国
冻藏—前四分体肉块	2.659	中国
冻藏—	2.499	中国
鲜/冷藏—其余部分去骨肉	2.399	巴西
冻藏—前四分体	2.275	中国
冻藏的带骨肉块—前四分体	2.160	中国
冻藏的整头及半头牛肉	1.960	中国

[1] Uruguay XXI (2020), Informe Sectorial Agronegocios.

肉类产品的市场准入在全球范围内由两个因素决定：一是卫生授权，二是出口产品的关税条件。乌拉圭在卫生水平、肉牛选种和使用的生产形式（放牧、饲养）以其严格的质量控制使其牛肉产品能进入在安全和质量方面要求最高的市场，如欧盟、美国、日本等国家或地区。

在关税方面，虽然各国有额度差异，但乌拉圭肉类出口在2019年支付的平均关税为12％。尽管乌拉圭的生产能力在历史上使该国成为世界主要的牛肉出口国之一，但市场准入仍被视为该部门的主要限制。牛肉是乌拉圭关税支付最高的产品，2019年，占该国支付总关税的60％以上，超过了2亿美元①。尽管乌拉圭有进入美国市场的配额②，但却是唯一在该市场支付关税的国家，而其余的供应商在进入该市场时不支付关税，或在报告零关税的配额内进入市场③。中国是支付关税最高的市场，占其支付关税总数的63％。

2. 养羊业

养羊业在乌拉圭有着悠久的传统，产品的质量使乌拉圭成为世界十大羊肉出口国之一，也是南美洲的第一大羊肉出口国④。同时，乌拉圭也是世界第四大羊毛织品出口国⑤。在过去的20年里，全世界对这种产品的需求持续下降，这导致包括乌拉圭在内的所有主要生产国的绵羊存量都在下降。

在羊肉制品方面，直至疫情前，羊肉的出口量一直持续增长。截至2019年，羊肉的出口量增长了2％，总额为6 900万美元。同年，中国市场以占羊肉出口量的50％取代巴西市场（36％）成为乌拉圭该产品的主要目的地⑥。与此同时，2019年乌拉圭羊肉出口关税也主要集中在中国市场（12％—15％）。在欧盟方面，乌拉圭的羊肉出口拥有5 800吨配额，配额内享零关税⑦。在羊毛以及相关制品出口国来看，近年来中国和欧盟是其主要目的地。在羊毛上衣方面，中国的

---

①⑦ Uruguay XXI (2020), *Informe Sectorial Agronegocios*.
② 参见乌拉圭肉类协会报告，https://www.inac.uy/innovaportal/file/18282/1/consumo-de-carnes-2019.pdf。
③ 参见乌拉圭肉类协会报告（2019）：*Estimación de la Carga Arancelaria Pagada por Carne y Menudencias Bovinas de Uruguay*, Montevideo。
④⑥ https://www.gub.uy/ministerio-ganaderia-agricultura-pesca/comunicacion/noticias/acuerdo-institucional-enriquece-intercambio-garantias-para-cadena-ovina。
⑤ 参见联合国国际贸易中心Trademap数据：https://www.trademap.org/Index.aspx。

出口值占 40%,欧盟占 31%。

3. 乳制品业

乳制品行业在乌拉圭的经济中占据着重要地位,是产生最大附加值的行业之一。鉴于该国发达的养牛业,其乳制品行业能够以低生产成本从天然牧场中获得优质牛奶。1975—2013 年,该国的牛奶产量在轻微波动中持续增长,2018 年达到新的纪录,为 20.63 亿升①。

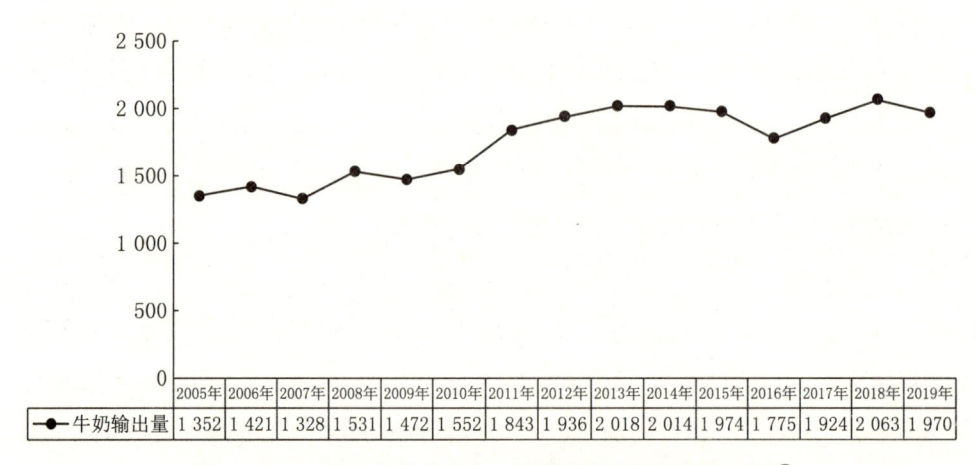

年份	2005年	2006年	2007年	2008年	2009年	2010年	2011年	2012年	2013年	2014年	2015年	2016年	2017年	2018年	2019年
牛奶输出量	1 352	1 421	1 328	1 531	1 472	1 552	1 843	1 936	2 018	2 014	1 974	1 775	1 924	2 063	1 970

图 2　2005—2019 年乌拉圭向工厂输送的牛奶量(百万升)②

由于该国国内市场已是拉丁美洲牛制品消费水平最高的市场之一(每年人均 230 升③),其余的乳制品均用于出口,现制品出口量占年产量的 70%④。2005—2019 年,该国乳制品出口额平均每年增长 6%,2019 年的出口额为 6.48 亿美元⑤。

从出口目的地看,巴西和委内瑞拉是近 10 年乌拉圭乳制品主要的出口国。但由于两国政治和商业不稳定,对乌拉圭乳品出口产生了不小的影响⑥。在这种情况下,2018 年,阿尔及利亚成了该部门的出口目的地,2019 年的出口额达到了 1.91 亿美元⑦。2019 年,乌拉圭向阿尔及利亚出口了 1.91 亿美元的乳制品。

---

①②③④⑦　参见乌拉圭奶业协会数据:https://www.inale.org/estadisticas/。
⑤　Uruguay XXI (2020), *Informe Sectorial Agronegocios*.
⑥　参见联合国国际贸易中心 Macmap 数据,https://www.macmap.org/。

三、乌拉圭种植业

19世纪末,乌拉圭的农作物占据了大约50万公顷的土地①。1908年的农业普查显示②,农业面积为83.6万公顷,在20世纪的第一个10年,实现了67%的增长。自20世纪末21世纪初以来,由于新的参与者和跨国资本深入市场、商业组织的变化以及林业和种植业的扩张,乌拉圭的农业经历了重要的转型。适当的宏观经济环境、便利的公共政策、其国内走低的土地价格和走高的农产品国际价格,吸引了大量的国际国内资本进入种植业,促进了生产、融资和技术及管理模式的变革。这一变革一方面表现在以大豆为代表的谷物生产出现前所未有的增长,在2000—2011年间,种植用地增加了138%,占据了全部农业用地的9.8%;另一方面表现在由于纤维素工业的发展,林业生产扩张③,林业用地占到了全部农用土地的6.5%。

乌拉圭的传统农作物是小麦、玉米和亚麻,到1930年,种植面积已经达到100万公顷。20世纪40年代,增长一度停滞,但在50年代开始恢复,累计年增长率为10.7%,1956年达到166万公顷,其中87%为谷物④。到了60年代,由于在国际市场竞争力下降,小麦的种植面积下降,在2001年度达到最低值不到40万公顷的播种面积。与此同时,由于国际市场上大豆的价格持续攀升,而乌拉圭国内又采用了大豆冬夏两季轮种,大豆成为过去10年中产量和播种面积增长最快的谷物,1999—2008年间,其国际贸易量翻了一番⑤。

1. 大豆

自20世纪70年代以来,整个拉普拉塔地区的谷物和油菜籽农业出现了密集增长,但随后大豆生产的扩张和主导地位损害了其他农业生产⑥。这个过程也被称为"大豆化",此现象已先后在阿根廷和巴西出现。该现象在各国出现的条件各有不同,就乌拉圭而言,国内存在大量未充分利用的自然资源、政策的长期支持、2002—2004年开始的国内货币贬值、产品在国际市场竞争力提高、外部

---

①④⑤ Fernado, G. (2010), *Intensificación Agrícola: Oportunidades y Amenazas para un país Productivo y Natural*, Impreso en Uruguay, Montevideo.

② Banco de Previsión Social; CIIU 1908.

③ Mariela, B. (2020), *La Expansión Agrícola como Proceso Dinámico el caso de Uruguay*.

⑥ Arbeletche, P. (2016), *Análisis de la Agricultura Desde la Perspectiva de la Economía Industrial: el caso de Uruguay*.

市场的复苏,加之阿根廷和乌拉圭公共政策之间的不对称性,都为"大豆化"提供了动力①。

"大豆化"在乌拉圭主要分为三个阶段:第一个阶段(21世纪初到2006年),大量阿根廷公司进入该国,通过租赁土地和外包机械服务的方式,开始扩大、占领和垄断具有最佳农业能力的土地进行大豆种植,逐渐取代了本国生产者。这些企业集团以规模战略为基础,通过密集使用资本来优化种植业务②。第二个阶段(2006—2011年),其特点是大公司开始改变战略以适应市场要求。在这个阶段,原来只从事谷物生产的大型跨国公司(如Dreyfus、Cargill)和一些国有企业(如Barraca Erro、Fadisol)开始进入大豆生产行业。在这一时期结束时,大型公司不但集中了该国的优质土地用于大豆种植,也开始向生产力欠佳的土地推进,并逐步放弃远离港口的土地以节省运费③。第三个阶段(2011年至今),这一时期,受国际大豆价格下跌和乌拉圭政府管控的影响,大豆的播种面积减少。因此,在这一阶段,能看到该国的其他作物,如水稻、小麦等产量都有所提升。

总的来说,在整个"大豆化"时期,谷物和工业作物的种植面积从2001—2002年的29.8万公顷增加到2014—2015年的160万公顷,然后又减少到目前的120万公顷。在同一时间段内,大豆面积增加了10倍,在2014—2015年达到约130万公顷,然后下降到100万公顷④。

乌拉圭产量巨大的大豆主要用于出口。虽然随着国际市场的波动,出口量各年表现不一,但总体来说其发展趋势逐步增长。2013年的出口量达到峰值350万吨。自2009年以来,大豆一直是该国的三大主要出口产品之一,乌拉圭已经将自己定位为世界第六大大豆出口国⑤。2019年,大豆出口总量达到300万吨,金额约为10亿美元,中国是其最大的出口目的地⑥。

---

①③ Arbeletche, P. (2020), *El agronegocio en Uruguay: Su Evolución y Estrategias Cambiantes en el Siglo XXI*.
② Arbeletche, P. y Gutiérrez, G. (2010), *Crecimiento de la Agricultura en Uruguay. Exclusión Social o Integración Económica en Redes*.
④ 参见乌拉圭牧农渔业部2019报告 *Anuario Estadístico* 2018。
⑤ 参见联合国国际贸易中心 Trademap 数据。
⑥ 作者根据乌拉圭海关数据整理,https://www.aduanas.gub.uy/innovaportal/v/15657/1/innova.front/encomiendas.html。

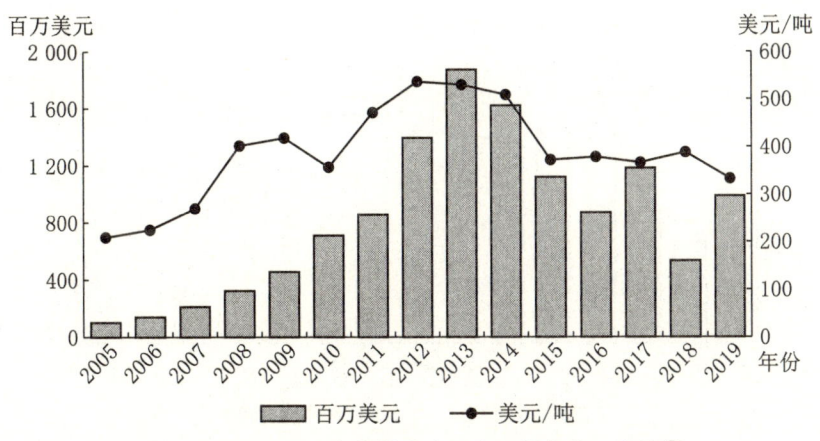

图 3　2005—2019 年乌拉圭大豆出口额和出口均价①

2. 水稻

20 世纪 70 年代,受到国际市场的影响,乌拉圭开始重视水稻的种植。该国水稻生产生态的可持续性和高质量的管理,使其产品在国际上享有较高的声誉。同时,过去 10 年实施的技术改进,使产量达到 8 620 公斤/公顷。2019—2020 年收获期的水稻播种面积为 14 万公顷②。

从出口情况看,乌拉圭于 20 世纪 80 年代起,由于与巴西连续签订了贸易协定,出口量开始增加。多年来,它是该国的主要农业出口产品,直到近 10 年来,被大豆出口所取代。但直至 2019 年,乌拉圭仍是世界主要的大米出口国:大米是该国第二大农产品出口产品,价值为 3.71 亿美元,世界排名第九③,其出口的主要目的地为墨西哥、巴西和古巴。

3. 小麦

小麦是乌拉圭传统的冬季作物,其主要用途是满足国内市场的需求,盈余部分用于出口。近 10 年来,由于大豆种植面积的收缩和政府的调控,小麦的产量和出口量出现大幅增长。根据农业部数据,在 2019—2020 财政年度,小麦的供应上升,归其原因是上一年度该作物的利润增加,市场需求扩大,因而播种面积增加了约 5 万公顷④。

---

①③　Uruguay XXI (2020), *Informe Sectorial Agronegocios*.
②　参见乌拉圭牧农渔业部报告 *Resultados de la Encuesta de Arroz 2020*。
④　El Observador, *El Mundo Atento a la Campaña de soja en Sudamérica*, https://www.elobservador.com.uy/nota/el-mundo-atento-a-la-campana-de-soja-en-sudamerica-201910102005.

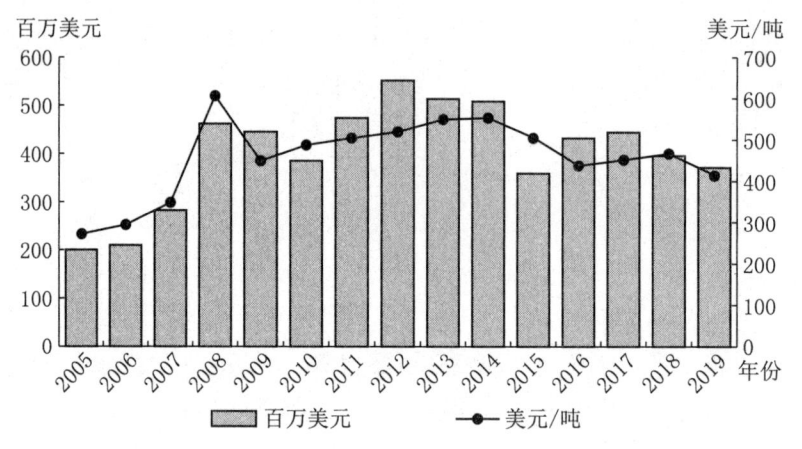

图 4 2005—2019 年乌拉圭水稻出口额和出口均价①

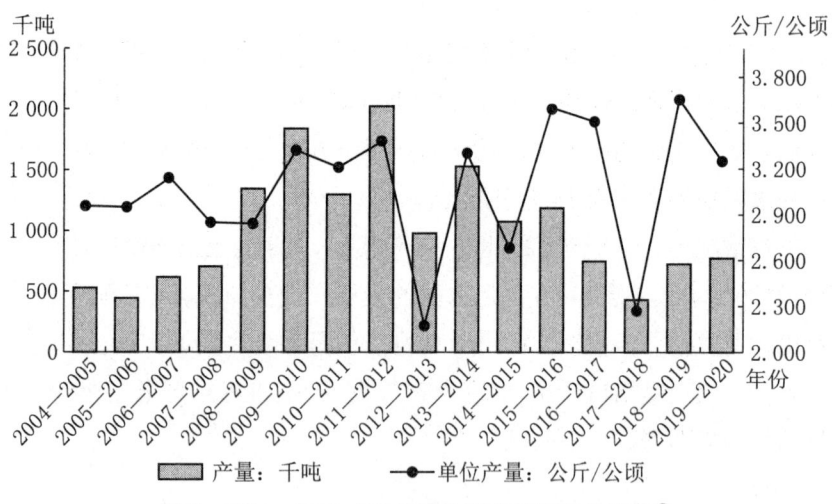

图 5 2004—2020 年乌拉圭小麦产量和单位产量②

在出口方面,小麦是乌拉圭近年出口的第三种作物。虽然小麦出口在 2012 年之前一直大幅增长,但在 2015 年大幅下降,2019 年开始回升,出口金额和总量为 7 200 万美元和 32.7 万吨,分别比前一年增加 227% 和 225%。其主要出口目的地为阿尔及利亚、巴西和印度尼西亚③。

---

①② Uruguay XXI (2020), *Informe Sectorial Agronegocios*.
③ 作者根据乌拉圭海关数据整理:https://www.aduanas.gub.uy/innovaportal/v/15657/1/innova.front/encomiendas.html。

四、乌拉圭林业

1987年,乌拉圭颁布《林业法》,该法旨在规范种植园及其他林业有关活动,保护、改善、扩大和创造森林资源,发展林业产业,整体发展林业经济。随着该法的颁布,乌拉圭的林业活动日渐活跃,林业所占面积从20世纪90年代初不到10万公顷[1]增加到2019年的100万公顷,其中84万公顷为实际森林面积[2]。

《林业法》规定在优质林区进行林业投资活动的公司将获得每公顷种植的补贴,并在森林生长期免交林区的各类税款[3]。此外,乌拉圭便宜的地价、相对低廉的劳动力成本等因素,吸引了不少外资,包括西班牙公司Ence和东方林业公司(Kymmene和壳牌的跨国合资企业),它们在购买土地和造林方面进行了大量投资[4]。

到21世纪初,由于国际市场上木材价格下跌而国际运输成本持续增加,传统的原木出口业务利润逐年下降,各大企业均在探索降低生产运输成本的新方法。在此情况下,乌拉圭促进木材加工业的公共政策带来了新发展机遇[5],如许诺将Ence和Botnia(东方林业公司在乌拉圭的注册名)纸浆工厂所在地划归为自由贸易区。2010年,Botnia在弗雷本托斯开设了第一个纸浆厂,随后蒙特斯-德尔普拉塔公司(Montes del Plata)在康奇利亚斯开设了第二个纸浆厂,每个工厂年生产约130万吨纸浆。这两个纸浆厂使得乌拉圭林业部门产品的附加值大大提高。在过去10年,乌拉圭的林业部门一直保持着高度的活力,年平均增长率约为3%[6]。

在出口方面,乌拉圭林业出口产品主要是木材、木制品、纤维素、纸张和纸板。2019年,该部门出口额为15.29亿美元,受全球疫情影响,2020年出口额下降18%,为14.73亿美元[7]。

---

[1][4][5] Arbeletche, P. (2020), *El agronegocio en Uruguay: Su Evolución y Estrategias Cambiantes en el siglo XXI*.

[2] 参见乌拉圭牧农渔业部2019报告,*Anuario Estadístico 2018*。

[3] Gautreau, P. (2014), *Forestación, Territorio y Ambiente: 25 años de Silvicultura Transnacional en Uruguay, Brasil y Argentina*. Montevideo, Trilce.

[6] Montes del Plata, (2019), Resumen de Gestión Forestal, 2018, https://www.montesdelplata.com.uy/espanol/documentos-12.

[7] 作者根据乌拉圭海关数据整理:https://www.aduanas.gub.uy/innovaportal/v/15657/1/innova.front/encomiendas.html。

五、中国是乌拉圭农产品的重要出口目的地

21世纪以来,随着中国和乌拉圭交流的进一步加深,中国逐渐成为乌拉圭农产品重要的出口目的地,其38%的农业产品销售到了中国,是牛肉、大豆、纤维素、肉类副产品、木材和羊毛的主要出口地①。

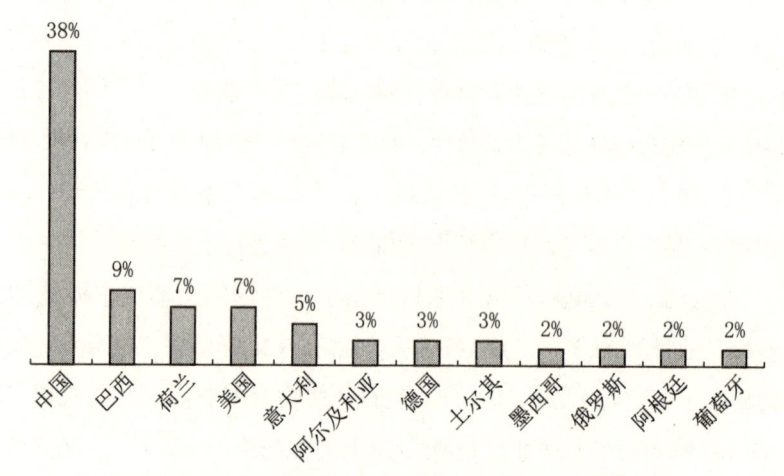

图6 2019年乌拉圭农产品出口主要目的国②

从中国海关数据可以看到,除严重受疫情影响的2020年,中国对乌拉圭的进口额稳中有升,主要集中在农产品,2020年农产品占据该国对华出口的97.9%,其中主要的商品是大豆、牛肉、木浆③。

从表2可以看出2017—2020年中国对乌拉圭进口额最大的九类商品占该年中国世界总进口量的比例情况,冻带骨牛肉(2017年达峰值59.4%)、冻牛杂(2017年达峰值49.7%)和松木原木(2018年达峰值41.1%)的进口比例都超过了40%。

随着中国社会发展进入全新的阶段,中国对多样化的农产品进口需求增大。为此中国与乌拉圭展开了新的探索。2016年,中乌双方达成协议,将联合乌拉圭国家农业研究所和中国农业科学院生产非转基因大豆(目前中国从乌拉圭进口的大豆多为转基因作种,主要用于动物饲料)④。

---

①② 作者根据乌拉圭海关数据整理:https://www.aduanas.gub.uy/innovaportal/v/15657/1/innova.front/encomiendas.html。
③ 参见中国海关数据,http://gjs.customs.gov.cn/custmzs/302249/zfxxgk/2799825/302274/index.html。
④ 乌拉圭农业计划和政策办公室年报,Anuario OPYPA 2017,https://www.gub.uy/ministerio-ganaderia-agricultura-pesca/comunicacion/publicaciones/anuario-opypa-2017。

表 2 2017—2020 年乌拉圭对华出口的主要商品及其占比（单位：百万美元）①

商 品	2017 乌拉圭	2017 对华出口	2017 百分比(%)	2018 乌拉圭	2018 对华出口	2018 百分比(%)	2019 乌拉圭	2019 对华出口	2019 百分比(%)	2020 乌拉圭	2020 对华出口	2020 百分比(%)
大豆	1 030.6	39 635	2.6	513.8	38 086.4	1.3	816.9	35 342.6	2.3	681.7	39 545.5	1.7
木浆	577.7	6 158.6	9.4	624.4	8 297.4	7.5	528.4	6 889.4	7.7	427.1	6 337.9	6.7
冻去骨牛肉	498.6	2 703.1	18.4	559.9	4 239.7	13.2	825.3	7 192.5	11.5	615.2	9 003	6.8
冻带骨牛肉	142.5	286.9	49.7	196.9	422.6	46.6	271.6	726.6	37.4	224.7	765	29.4
松木原木	52.9	395.2	13.4	245.4	597.6	41.1	160	416.9	38.4	95.1	346.4	27.5
冻牛杂	41.3	69.5	59.4	44.3	83.6	53.0	51.1	105.5	48.4	42.3	93.3	45.3
未梳脱脂剪羊毛	36.2	195.7	18.5	40.4	238.9	16.9	33.2	150.3	22.1	0.01	66.7	0.0
整张牛皮	34.5	1 702.3	2.0	15.3	1 202.2	1.3	1.7	845.3	0.2	4.3	772.9	0.6
未梳含脂剪羊毛	27.4	2 536.3	1.1	34.4	2 943.8	1.2	23.7	2 235.5	1.1	7.4	1 552	0.5

① 参见中国海关数据，http://gjs.customs.gov.cn/custmzs/302249/zfxxgk/2799825/302274/index.html。

2017年12月，乌拉圭国家肉类协会与中国检验认证集团签署了一份商业可追溯协议。该协议规定，乌拉圭出口到中国的牛肉都要附上一个二维码，中国消费者可以通过扫码了解产地、品种、生长条件、牛的齿龄等详细信息。2018年，乌拉圭与中国出入境检验检疫协会签署合作谅解备忘录，简化了两国之间的肉类商业交流，加快了两国在肉类领域的信息互换，降低乌牛肉入华成本，并就食品安全开展咨询合作。

结　　语

农业生产在乌拉圭有着悠久的历史，经过近4个世纪的发展与改革，经历了现代化和"大豆化"的产业结构调整，乌拉圭的农业在进入21世纪第二个10年后得到飞速发展。近年来，中国一直保持乌拉圭第一大贸易伙伴和牛肉、大豆等农产品最大出口市场地位，两国在各领域合作交流密切，成果丰硕，特别是在牧农渔业领域，有广阔的合作前景。双方应进一步挖掘合作潜能，在"一带一路"框架下积极拓展合作领域。

乌拉圭经济历史简述(1825—2014)

褚立东*

摘要:乌拉圭是拉丁美洲传统的农牧业国家,人均收入较高,经济规模较小,产品结构单一,对出口依赖性较大。乌拉圭社会和政治长期稳定、较高的教育水平等因素使其成为拉丁美洲生活水平最高的国家之一。从发展阶段而言,乌拉圭先后经历了国家独立时期、现代化与改革时期、军人和文人政府交替执政时期以及当前的稳定发展时期。本文以政治历史为脉络,梳理乌拉圭1825年独立以来至2014年间的经济发展历程。

关键词:乌拉圭 经济 历史

乌拉圭位于南美洲的东南部,北邻巴西,西接阿根廷,东南濒大西洋。乌拉圭人口较少,只有约345万人,2018年人均GDP达到18 772美元,接近发达国家门槛,比南美第二名智利高出30%。乌拉圭经济以出口农产品为主,主要生产并出口肉类、羊毛、水产品、皮革和稻米等;工业以农牧产品加工业为主;服务业占国民经济比重较高,以金融、旅游、物流、交通业为主。

2016年中乌建立战略伙伴关系以来,中乌关系不断深化,乌拉圭成为首个与中国签署"一带一路"合作谅解备忘录的南共市成员国。经济交往是两国交往的重要基石。乌拉圭历史的特点是强调国家导向,正如乌拉圭经济史学家María Camou 和 María Inés Moraes 在其报告中指出的,"乌拉圭历史本质上是一个政治和军事故事,其中经济和社会方面只是切线出现。'制度化英雄'的历史占主导地位"[1]。

---

* 褚立东,北京交通大学语言与传播学院教师。
[1] María Camou, María Inés Moraes, *Desarrollo Reciente de la Historia Económica en el Uruguay*, p.2, Documentos de Trabajo (Programa de Historia Económica y Social, Unidad Multidisciplinaria, Facultad de Ciencias Sociales, Universidad de la República), 2000.

乌拉圭年度报告(2020—2021)

一、国家独立时期

1810年,乌拉圭民族英雄何塞·阿蒂加斯发起独立运动,1825年,支持阿蒂加斯的一名流放军官胡安·安东尼奥·拉瓦列哈和他的"33个东岸人"从阿根廷回到东岸解放他们的家园。1825年8月25日,解放者们收复了蒙得维的亚城,宣告乌拉圭独立。随后阿根廷和巴西的战争陷入了僵局,在英国的调解下,巴西和阿根廷于1828年8月27日在里约热内卢签署了《蒙得维的亚条约》,两国宣布放弃对乌拉圭的领土主张,承认乌拉圭为独立的国家。1830年7月18日,乌拉圭东岸宪法获批时,该国只有7.4万名居民。

乌拉圭独立的最初几年充满混乱与斗争。20年的战争和掠夺给畜牧业造成了毁灭性的破坏,牛群数量大大减少,许多殖民地家庭的土地和财产被摧毁。与此同时,阿根廷和巴西仍然觊觎乌拉圭。第一任总统何塞·弗鲁克托索·里维拉(José Fructuoso Rivera)和第二任总统曼努埃尔·奥里韦(Manuel Oribe)的派系逐渐分裂成红党和白党,两党在后来被称为"大战争(1839—1852)"的过程中纷争不断。1851年,大战争逐渐平息,两党都没有明显胜出,然而乌拉圭内部已经遭到严重破坏,政府破产,一个独立的乌拉圭濒临灭亡。国家经济也受到战争的影响,1828—1834年,乌拉圭经济增长缓慢,1835年畜牧业和商业开始发展,带动了农业、肉类加工、建筑等其他行业的发展。大战争结束后的5年间,经济发展仍十分缓慢。

但从1856年开始,经济再度加速发展,生产力不断提高,天然草场促进了养殖行业发展,加工肉类的市场需求走高,邻国阿根廷发展的转口贸易也惠及乌拉圭[1]。到了19世纪60年代,乌拉圭的经济发生了明显变化:产权和土地制度确立、畜牧业扩张、银行业开始发展、资本主义生产关系增长、国家财政监管增加等。

1865年,红党在巴西军队的帮助下将白党赶下台。然而,巴拉圭独裁者将这一行动视为对地区力量平衡的威胁,引发了三国同盟战争(1865—1870)。巴西、乌拉圭和阿根廷在这场战争中联合击败了巴拉圭。持续的战争和政治争端、被称为"长矛革命"(1868—1872)的内战以及巴西和阿根廷对乌拉圭事务的介入都给乌拉圭带来了深刻影响,乌拉圭的贸易长期停滞。

---

[1] Millot, Julio_Bertino, Magdalena-p.13, *Historia Económica del Uruguay*, Tomo 1, 1ª Edición, Fundación de Cultura Universitaria, 1991.

人口数量的增加是经济福利的表现,在共和国建立的初期,乌拉圭的人口增长率在美洲国家中表现突出。1820—1870年,乌拉圭人口年增长率为3.73%,特别是1850—1870年,乌拉圭人口年增长率达到了4.89%,乌拉圭成为同期美洲国家中人口增长速度最快的国家。①

二、现代化与改革时期

19世纪后半叶,随着越来越多的移民在乌拉圭创办企业和购买土地,乌拉圭经济发展加速。纯种公牛和公羊进口改善了牲畜质量,畜牧业出口进一步发展。1884年,羊毛已成为主要出口产品。英国在羊毛、生皮和牛肉干贸易中获利颇丰,进而投资铁路建设,并帮助蒙得维的亚实现了公共事业和交通系统的现代化,而现代化的进程又带来了更多的移民。1876年,乌拉圭武装部队接管了政府,借助更高的通信水平,军队开始对内陆建立更牢固的控制。该统治持续十余年之久,1890年,红党文职政府重新掌权。

红党执政后,白党要求在政府中发挥更大作用,两党的竞争因此不断白热化,逐渐升级为由阿帕里西奥·萨拉维亚(Aparicio Saravia)领导的1897年革命。最终,红党总统胡安·伊迪阿尔特·博尔达(Juan Idiarte Borda)被一名与白党无关的刺客杀害,革命告终。红党领袖何塞·巴特列·奥多涅斯(José Batlle y Ordóñez)于1903年被选为总统。次年白党发起了农村起义,战斗持续了8个月,最终萨拉维亚在战役中丧生,政府部队获得了胜利。1905年,红党在选举中获胜,乌拉圭国内实现了稳定。

巴特列借助国家稳定和日益繁荣的经济发展局面,进行了一系列重大改革,增加了国家对经济的干预。他领导的政府鼓励农牧业发展,帮助扩大养牛场的规模,减少了国家对进口和外国资本的依赖;通过广泛的社会改革,工人的经济条件得到改善,民众的受教育范围也进一步扩大。此外,巴特列废除了死刑,允许妇女提起离婚诉讼,增加了非婚生子女的权利,并降低了罗马天主教会的政治影响力——反映了乌拉圭社会日益自由化和世俗化的趋势。

巴特列于1903—1907年和1911—1915年两度担任乌拉圭总统。但是,意

---

① 路易斯·贝尔托拉、何塞·安东尼奥·奥坎波:《拉丁美洲独立后的经济发展》,吴洪译,上海译文出版社2017年版,第72—75页。

识到他的各项政策可能会被未来的总统或独裁者推翻,巴特列试图推动一项宪法改革以约束总统权力并用执政团取代部分总统职能。1918年乌拉圭通过的新宪法规定,政府的行政职责由总统和国家行政委员会分担。除了社会立法之外,这样的双重行政制政府导致政策制定变得更加谨慎。在乌拉圭,牧场经济的发展使乌拉圭居民享受着较高的生活水平,但在这段时间内,牧场经济已经停止增长,此外,20世纪20年代后期较高的出口价格导致乌拉圭农牧业产品在国际市场竞争力降低,乌拉圭经济面临着国内外双重困境。

这一时期红党和白党之间的冲突也在一定程度上阻碍了乌拉圭经济发展。19世纪后30年,拉丁美洲各国的经济普遍增长迅速。国家对原材料的需求加大、运输条件的改善等外部因素都助推了拉美经济的快速发展。但在1870—1929年间,乌拉圭的出口总额增长率仅为2.7%,明显低于周边出口结构类似的国家,如阿根廷和智利(后两者同期的出口总额增长率分别为5.2%和3.6%)。特别是在1870—1914年,乌拉圭的人均出口增长率为-0.4%,远低于拉丁美洲地区2.2%的平均增长水平①。

但在此期间,乌拉圭的人口仍在稳定增长,到1900年,乌拉圭的人口增长到了100万,比1830年增加了13倍。1870—1929年,乌拉圭的人口年增长率维持2.73%的水平,高于同期拉美国家1.7%的平均水平;人口数量从1870年的32.3万人,增长到1913年的117.7万人,再到1929年的168.5万人。特别是在1891—1990年间,乌拉圭的移民率达到了114%,这也影响了当地的经济结构和社会构成②。

三、经济和政治动荡时期

1930年,红党总统候选人加夫列尔·特拉(Gabriel Terra)成功过渡了1929年巴特列去世所造成的政治真空。当大萧条影响乌拉圭时,特拉总统批判双重行政部门的政策,在白党领导人路易斯·阿尔贝托·德埃雷拉的支持下,于1933年3月废除了国民议会并将权力重新集中于总统。

随后乌拉圭开始了国家主导的工业化进程——特拉政府以及随后阿尔弗雷多·巴尔多米尔将军在1938—1942年间领导的政府,采取了保守的政策应对大

---

①② 路易斯·贝尔托拉、何塞·安东尼奥·奥坎波:《拉丁美洲独立后的经济发展》,吴洪译,上海译文出版社2017年版,第115页。

萧条的影响——国家干预工会、推迟社会立法、尽可能地维持乌拉圭肉类产品在英国市场的份额。政府提倡自由市场原则,但坚持在经济中发挥更直接的作用——政府分配稀缺外汇,建造水电大坝等。

第二次世界大战开始时,欧洲国家开始加紧购买乌拉圭的肉类、羊毛和皮革,带来了一段真正的繁荣时期。战争还促进了乌拉圭制造业的发展,到1945年,制造业吸纳了近10万名劳动力。越来越多的城市工人加入了工会,社团主义"工资委员会"制定了更高的工资标准。1946年的总统选举中,巴特列派成员托马斯·贝雷塔(Tomás Berreta)获胜。在他突然去世后,巴特列的侄子路易斯·巴特列·贝雷斯(Luis Batlle Berres)副总统继任总统。

20世纪50年代初期,在朝鲜战争刺激下,美国市场的羊毛价格高企,这为乌拉圭创造了又一次经济繁荣。增加的外汇收入使巴特列·贝雷斯政府能够购买原英国拥有的铁路和公用事业,并开设新的国有企业、鼓励工业化、补贴农业并降低食品价格,就业率大幅提高,人均收入水平上升至拉美地区前列。1951年的宪法改革以9人组成的行政团取代了总统职位,这也是巴特列计划的重要内容。

50年代中期,朝鲜战争结束、羊毛价格降低,乌拉圭的牧场经济衰退。50年代后期,由于受到经济规模的限制,加上外部需求减少及美国实行的限制性贸易政策,乌拉圭的羊毛和肉类等主要产品的出口量大幅度减少,与此同时,依赖政府保护及进口能源和原料建立起的进口替代工业也遇到了困难,制造业发展缓慢,工业生产出现停滞。年通货膨胀率上升到60%以上,公共部门的赤字不断扩大,乌拉圭经济陷入了长期的停滞状态。

经济危机也对乌拉圭国内的政治造成了重大影响。选民对红党的不满促成白党于1958年上台执政,这也是白党自1865年以来第一次执政。之后白党政府虽然连任成功,但未能改善状况,1966年颁布的新宪法使国家回归总统制。当年的选举中,红党的保守派上台,但通货膨胀和生产下滑继续困扰着这个国家。

四、军人和文人政府交替执政时期

1973年,军方夺取了对政府的控制权,掌握政权后,军方通过设定高利率从外国银行和贷方吸引资金,并鼓励工业家和牧场主加大借贷和尽快实现现代化。尽管实际工资下降,许多企业因无法与廉价进口产品竞争而倒闭,但这些政策仍取得了一些成功,例如制成品出口增加,在1967—1974年,乌拉圭货物与服务出口实际增长率仅有 1%,但在 1974—1980 年,乌拉圭货物与服务出口实际增长率却达到了 10.5%,同期出口占 GDP 比重也从 8.2%上升到 11.2%①。蒙得维的亚重新成为银行和金融中心,此外,政府还修建了道路和其他公共工程。

但到了 20 世纪 80 年代,获得外国贷款变得更加困难;受 1982 年马岛战争影响,阿根廷经济下滑,随后 80 年代初拉丁美洲的债务危机让乌拉圭的贸易也受到限制。1982 年国内生产总值比上年收缩 9.3%。军政府被迫让乌拉圭比索的汇率下跌。企业、牧场主和政府的债务急剧增加。随着乌拉圭经济危机的恶化,民众对军政府的不满愈发强烈,1984 年 11 月,乌拉圭举行全国大选,1985 年 3 月,军政府还政于民。

1984 年 11 月,红党巴特列派成员胡利奥·马里亚·桑吉内蒂于当选总统,并于次年 3 月就任。尽管许多人呼吁对军方进行审判,但桑吉内蒂仍试图通过发起大赦来安抚军方。乌拉圭的巨额外债阻碍了经济复苏,但桑吉内蒂拒绝启动会带来高风险的激进的经济计划。1989 年 4 月的公投维持了大赦法,但红党在随后的总统选举中输给了白党候选人路易斯·阿尔韦托·拉卡列。

1991 年,拉卡列政府(1990—1995 年)进行了经济改革,使乌拉圭成为区域经济集团——南方共同市场(Mercosur)的成员。得益于与南方共同市场伙伴的贸易,乌拉圭的经济显著增长,但该国也对外部市场更具依赖性,更容易受到巴西和阿根廷经济变化的影响。虽然 1994 年的墨西哥危机也对乌拉圭造成冲击,但稳定宏观经济、对外开放、放松劳动管制的改革,使得乌拉圭在 90 年代的经济增长速度比 70 年代更快。

1999 年巴西货币雷亚尔贬值和 2001 年阿根廷金融危机标志着增长趋势的新变化,这导致乌拉圭 2002 年发生严重的金融和财政危机。1999—2002 年,GDP 年均下降 3.8%;特别是 2002 年下降了 7.1%②。总体来看,20 世纪下半叶乌拉圭的经济增长通常伴随着宏观经济的波动,尤其是高通胀率。

塔瓦雷·巴斯克斯(Tabaré Vázquez)在 2004 年总统大选中获胜,成为乌拉圭第一位左翼总统。在同时举行的立法选举中,由巴斯克斯领导的左翼团体

---

① 路易斯·贝尔托拉、何塞·安东尼奥·奥坎波:《拉丁美洲独立后的经济发展》,吴波译,上海译文出版社 2017 年版,第 226 页。
② Banco Interamericano de Desarrollo(BID), *Crecimiento Económico y Brechas de Desarrollo en Uruguay*, p.3, 2015.

进步联盟——广泛阵线(Encuentro Progresista-Frente Amplio；EP-FA)首次在大会两院赢得多数席位。在巴斯克斯任期内，他改善了经济条件，摆脱了多年的经济负增长。在 2009 年竞选中，何塞·穆希卡最终以超过半数的选票当选乌拉圭总统。在穆希卡的领导下，乌拉圭继续保持经济增长和低失业率。穆希卡政府的另一项革命性立法提议是政府将大麻合法化，由国家控制其生产、分销和销售环节，以此来切断毒贩的收入，该提案于当年 12 月被批准立法。

五、稳定发展时期

2003 年以来，由于原材料价格高、国际利率低、资本大量流向新兴市场等原因，乌拉圭经济连续 12 年增长，2003—2014 年间，乌拉圭经济年均增长5.1％。最初的经济增长是受到 2002 年危机后的复苏带动，后来又受到有利的国际环境和充足的公共政策的支撑。国内消费和投资增加，与原材料有关加工的行业，特别是纤维素纸浆行业发展迅速，吸引了大量外国投资。外资占 GDP 的比率从 1980—2003 年间的 15.3％上升到 2004—2014 年间的 20.7％，接近经合组织的平均水平(21％)①。2008 年的国际金融危机导致 2009 年增速有所下降，到 2010 年经济增长加速。2011—2014 年，经济开始减速，年增长率约为 3.8％。

图 1　1960—2014 年乌拉圭国内生产总值

数据来源：泛美开发银行报告，2015。

---

① Banco Interamericano de Desarrollo(BID)，*Crecimiento Económico y Brechas de Desarrollo en Uruguay*，p.4，2015.

2014年11月,广泛联盟的巴斯克斯当选总统,在他担任总统的第一个任期内,巴斯克斯的工作获得了乌拉圭民众的高度认可,这也是广泛阵线政府取得普遍成功的一个重要标志。该政府将贫困率从2006年的32.5%降至2018年的8.1%。

结　　语

自1825年独立以来,乌拉圭经济经历了长足的发展。在现代化的过程中,乌拉圭受益于全球化的潮流,迅速发展了以农业加工制成品为主的出口导向型经济,同时在国内建立了以金融、旅游、物流、交通业为主的现代化服务体系。1960—2014年,乌拉圭国内生产总值年均增长率为2.5%。特别是20世纪90年代以来,乌拉圭坚持强调经济开放、进一步发展出口农业、积极参与地区一体化进程,在国内实施宏观调控和金融监管,使得乌拉圭经济稳步运行。虽然受到疫情影响,当前乌拉圭的失业率和通货膨胀率较高,但在政府稳健的经济政策引导下,乌拉圭有希望尽快实现经济复苏与社会发展。

"覆巢"之上：大流行下的乌拉圭当代艺术

赵 挺*

摘要：本文聚焦 2020 年新冠肺炎疫情暴发并在全球蔓延的历史背景，考察乌拉圭当代艺术活动的本土生态及全球化语境变化下的艺术实践，梳理代表性的文化与艺术创作，解读艺术行为及思想内涵，为深入理解当前乌拉圭艺术界的创作意识以及由此构建的国际文化交流方向提供索引。当代艺术的公共性与教育性是乌拉圭与现代制度同步建立的传统，在危机中不仅是抚慰人心、给养公众精神力量的能量场，更是形成社会凝聚力的重要因素；新冠肺炎疫情并未使乌拉圭当代艺术的发展与讨论陷于停滞，在地球村叙事的瓦解中，艺术界"引力合发"，秉承该国艺术作为社会教育重要形式的传统理念，艺术界形成一种联动创作联盟，利用科技与融合媒介将艺术的创作力置于"覆巢"之上。在此过程中，乌拉圭本土文化向异质性文化因素与信息介质持续开放吸收，具有多元文化和多重社会身份的艺术家成为主力军，其作品、社会性艺术实践和创作思想构成了危机中不可忽视的文化力量。

关键词：当代艺术　多元文化　艺术联盟和联动　融合媒介

2020 年 3 月 13 日，乌拉圭新政府宣布该国因新冠病毒而进入卫生紧急状态。在关停大中小学的同时，政府宣布取消一切公共表演，大量的文化活动被取消，包括 1986 年恢复民主标志性文化活动"蒙得维的亚音乐节"①。同时，首都蒙得维的亚政府响应国家防疫精神，关闭了所有剧院、文化中心及博物馆等公共

---

* 赵挺，北京交通大学语言与传播学院教师。
① Montevideo Rock 由蒙得维的亚市政府组织，1986 年 9 月 21—23 日于位于蒙得维的亚公园的普拉多之乡举行（la Rural del Prado，该地是乌拉圭乡村发展协会［Asociación Rural de Uruguay］于 1872 年成立之后每年举行农牧业国际博览会的场地），作为独立后民主重建的重要文化事件，有乌拉圭本土及拉美地区众多知名音乐家及艺术家现场演出。继 2017 年重启后，打出的"让文化、艺术与音乐成为人类存在的方式"口号有望在 2021 年继续推动区域文化交流。https://ladiaria.com.uy/cultura/articulo/2017/12/volvio-montevideo-rock/。

文化场所。然而引人注目的是前哥伦布及印第安艺术博物馆(MAPI)①在面对突如其来的公共卫生危机时,迅速开启了一条线上观展的通道,展览组织者与导览工作人员化身虚拟人物,在疫情期间始终保持着与观众的交流,展览内容的制作和活动的举办从未间断。短短两周内,接待了超过10万人次的线上观展。之后,乌拉圭艺术界迅速反应,在疫情期间联动创作,并利用互联网技术展开对话、发出活动倡议,文化艺术界发挥了该国光荣的公共性当代艺术传统。乌拉圭艺术教育家路易斯·加姆尼泽(Luis Camnitzer)在世纪初提出的理念:艺术是抵抗的阵地,是该国文化部门始终秉持的精神力量,抵抗新冠疫情造成的痛苦的一年中,艺术却在"沸腾"②。

艺术群体与文化界、政府部门合力面对不确定性,将文化生产与发展的理念置于"覆巢"之上,在混乱中寻求秩序,与公众共同追问混乱后的秩序。

一、大流行下乌拉圭艺术领域的应急计划

政府更迭与国家紧急状态的双重压力使诸多文化与艺术发展计划充满不确定性。除了文艺产品行业直接遭到的经济打击,国家整体经济重创之下个人及家庭消费中对艺术及文化产品的消费也将是首先被削减的项目。

根据经济学家迭戈·特拉弗索(Diego Traverso)和埃内斯托·皮埃尼卡(Ernesto Pienika)在乌拉圭文化卫星账户(CSCU)③中的分析,疫情对文化及艺术打击最大的部门无疑是那些对文化艺术内容的场域性要求极高的艺术形式及文化领域④,诸如音乐、舞蹈和独立话剧剧团及剧院等,其艺术实践陷入长达半年的停滞。在严格保持社交距离的防疫政策下,重新开启的文化活动容量也大幅削减,诸多艺术计划,特别是舞台表演及影音内容的生产项目仍被迫延缓。这

---

① Museo de Arte Precolombino e Indígena,疫情期线上展厅及访问量详见 https://www.mapi.uy。
② 转引自乌拉圭《观察者报》于2020年末对当年文化与艺术活动的盘点性文章。参见 Balance de Fin del Año, El Observador, https://www.elobservador.com.uy/nota/el-ano-en-que-la-cultura-uruguaya-le-puso-el-cuerpo-al-covid-los-hitos-del-ano-pandemico-202012275050#。
③ 该研究项目全名为 la Cuenta Satélite de la Cultura del Uruguay (CSCU),由乌拉圭克拉恩大学文化系主持并发布研究报告。
④ Diego Traverso y Ernesto Pienika, Estimación del Impacto de la Pandemia en las Artes Escénicas en Uruguay, Enmarcado en el Estudio de la Cuenta Satélite de la Cultura del Uruguay (CSCU), Facultad de la Cultura, Universidad CLAEH, https://universidad.claeh.edu.uy/cultura/wp-content/uploads/sites/6/2020/04/Art_FacultaddelaCultura_202004.pdf.

构成了新冠肺炎疫情对该国文化生态的最直接重创,除了剥夺了艺术家的创作机会,也切断了观众艺术感知所需要的不可取代的"现场感",堵塞了公众经体验而获得立体认知的通路。舞台艺术相关的艺术教育及艺术家的生存空间被压缩,大量从业者失业,而在保持社交距离的防疫命令之下,影音内容生产也遇到了极大的困难,被迫终止正在进行的影音项目。例如乌拉圭现代文化生态系统中具有重要历史意义的加勒蓬剧院(Teatro El Galpón)①的大量工作人员不领取失业保险和停工津贴。

为缓解文化及艺术部门的压力并保证公民享有基本的文化资源,从国家到各级政府均采取了及时有效的应对措施。为纪念在新冠肺炎疫情中去世的乌拉圭前卫摇滚乐队 Psiglo 主唱鲁本·梅洛格诺(Ruben Melogno)②成立"鲁本·梅洛格诺文化团结基金会",该基金专项用于满足短期内文化与艺术部分应急需要,为恢复该部门正常运行提供某种过渡性条件。国家向基金会拨款 500 万比索(约合 11.3 万美元),不包含后续增加的企业及个人捐款,所有款项由国家发展署管理,除了支持艺术项目之外,该基金会的资金和资源也用于向教育中心和社会组织预付采买费用,支持艺术机构和学校,并通过乌拉圭政府开通的在线平台③开展艺术教学活动。同时,以 1 500 万比索资金量提前开放"国家竞争性文化基金"的选拔,并在"区域文化基金"项目上增加了 720 万比索。

从 2010 年起,乌拉圭国家教育文化部创建"艺术培训与创作激励基金"

---

① 1949 年建于首都蒙得维的亚,由 la Isla 和 Teatro del Pueblo 两家戏剧机构联合成立的独立剧院,是乌拉圭独立戏剧史上第一批拥有独立剧场的戏剧机构之一,该剧院首演了几乎所有贝托尔特·布莱希特的作品并巡演到布宜诺斯艾利斯,是拉美地区历史上推动当代戏剧发展的重要力量。该剧院拥有自己的舞台艺术学校以培养和训练演员,专门的木偶剧团,剧作家研讨班曾培养出乌拉圭重要的剧作家如 Juan Carlos Legido 和 Mauricio Resencof 等,为他们提供剧作首演地。
② 乌拉圭 20 世纪 70 年代摇滚运动代表人物,1972 年成立的五人前卫摇滚乐队 Psiglo 的主唱,该乐队被誉为乌拉圭音乐史上最优秀的乐队之一。鲁本亲自创作演唱并绘制唱片封面的专辑"概念形成"(Ideación)被视为代表乌拉圭摇滚运动的高潮。对鲁本的悼念文章刊登在 2020 年 3 月 28 日的乌拉圭《国家报》(EL PAÍS de Uruguay)文化版上,题为:Roberto, Guerra, El adiós a Ruben Melogno: Un Repaso a la Carrera del Excantante de Psiglo, Cultura de La Diaria, Montevideo, https://www.elpais.com.uy/tvshow/musica/adios-ruben-melogno-repaso-carrera-excantante-psiglo.html?utm_medium=elpaisuytw&utm_source=Twitter#Echobox=1585397629。
③ https://www.culturaencasa.uy。

(FEFCA)①，该基金每年从公共事业资金中拨款，以奖学金遴选形式发放给艺术家、艺术团体和艺术教育机构，旨在促进艺术文化人才培养，提高艺术专业化水平，激励发展多元化的艺术学科。疫情冲击之下，国家文化局拨款 1 000 万比索用于支持艺术教学、艺术教师培训。由于概念文创产业的严重受挫，这一年度的申请纪录创历史新高，在 370 份申请中竞选出 110 位国内艺术家和艺术研究机构，涉及 92 项艺术培训项目和 18 项个人教育项目。对文化基金的再分配，是保证乌拉圭文化生态系统正常运转的权宜之举。

此外，在 3 月 2 日启动的 CulturaenCasa.uy 乌拉圭线上文化倡议框架内，国家文化局发起招募多学科学术专家、教师开展在线课程和学术研讨工作坊，覆盖舞台艺术、视觉艺术、文艺文本写作与音乐，遴选出 100 位艺术教育者获得 1 万比索的资助。此项措施为因疫情阻碍现场教学的艺术教育从业者提供了有效的经济帮助。

二、疫情下乌拉圭当代艺术的公共性与教育性

2020 年 3 月 20 日起，乌拉圭公布启动"乌拉圭文化在线"平台②，该平台囊括了国家表演艺术学院（INAE, el Instituto Nacional de Artes Escénicas），国家视觉艺术学院（INAV, el Instituto Nacional de Artes Visuales），乌拉圭文化传播、展览及演出服务总局（SODRE）③，赛尔巴计划（Plan Ceibal）④以及乌拉圭国家电视台（TNU, Televisión Nacional de Uruguay）等多家机构及平台，为世界提供了"一个了解我们国家文化现场的工具"⑤。该网站强调其协作空间的属

---

① 全称为 Fondo de Estímulo a la Formación y Creación Artística, https://www.gub.uy/ministerio-educacion-cultura/comunicacion/noticias/resultados-del-fondo-estimulo-formacion-creacion-artistica-2020。
② http://culturaenlinea.uy/。
③ 全称为 Servicio Oficial de Difusión, Representaciones y Espectáculos，专门进行国家文化产品发行、传播、推广，舞台演艺事务服务及管理，隶属于乌拉圭教育及文化部，https://sodre.gub.uy。
④ Tabaré Vazquez 任期内推动的将通信与信息技术引入初中级公共教育旨在实现全国教育信息化的一项倡议，从 2007 年开展践行至今，秉持"每个孩子一台笔记本电脑"（One laptop per child）的模式，以乌拉圭国花 Ceibo 命名，寓意传播技术、促进知识和创造社会公平，也代表向在线学习发展的信息技术教学联盟（Conectividad Educativa de Informática Básica para el Aprendizaje en Línea）。
⑤ https://ladiaria.com.uy/coronavirus/articulo/2020/5/el-sector-de-la-cultura-en-tiempos-de-la-covid-19/。

性，用户可以注册为文化代理人，在网络平台上传播艺术文化活动，上传作品、开展文艺项目、参与文化活动和比赛，同时民众可以在此平台欣赏到丰富多彩的文化活动内容。

实际上在整个拉美地区，乌拉圭也是自疫情以来第一个在文化艺术领域调动社会力量的国家，以该事件为标志的后续诸多文化艺术实践中，发挥艺术文化的公共性，即呼吁公众的参与、交流、讨论；联动艺术的教育性，调动群众力量激发思想活力，唤醒民众普遍性生命情感，结合历史情境反思表达是此一时期的突出特点。20世纪60年代以来蓬勃发展的公共艺术传统为乌拉圭的公共文化机制奠定了稳固的根基，同时具有反思精神和艺术评论能力的新一代受众也为该机制的完善注入了新的活力。

公共艺术在乌拉圭的文化传统中具有举足轻重的地位，从民间社区及小酒馆诞生的社交性探戈文化、革命与民族认同探寻时期的壁画运动、原住民文明与现代社群需要相结合的狂欢节文化到现代城市文化制度之下产生的更加巨大而多样化的公共空间集合后的视觉与造型艺术，可以说在乌拉圭人的文化生活中，艺术从未仅仅是私人领域的表达，更是公众性的美学熏陶、知识更新与观念启蒙。如今在信息技术的革新与全球化的推动之下，公共话题被赋予了技术允许下的延伸机制，在社会互动、民间交流和舆论表达的情况下不断构建新的互联网场域。通过新媒介的传播途径，艺术表达在乌拉圭当代文化生活中继续扮演着为抗争、行动和社会主张提供象征意义的重要角色。

20世纪50年代末乌拉圭陷入经济、政治和社会危机之中，10年间不断恶化，至1973年的军事政变对国家造成巨大破坏。彼时，乌拉圭文化艺术界一方面强烈感知到表达文化主张的历史责任，另一方面，迫切需要融入世界当代艺术的深刻变革，区域性的艺术交流，特别是拉普拉塔河两岸的艺术交汇将乌拉圭融入了美学多元化的背景之下，促成了公共艺术大发展，成就了一个多产的艺术实验年代。蒙得维的亚公共空间内的艺术层出不穷，从街头壁画、公共空间内的造型与雕塑到广告海报、图书插画与影音作品，作为知识生产的重要形式走向更多元的公共展示空间并成为文化消费的主要内容。

乌拉圭画家华金·托雷斯·加西亚（Joaquín Torres García）于1936年用一幅南美洲的倒画宣布"我们的北方就是南方"，反映了整个大陆的艺术家停止向北半球看，在自己的传统和历史中找到自己声音的愿望，这反映在20世纪和21

世纪创作的壁画和城市景观性装置与建筑艺术中，并从此开启了彻底影响拉普拉塔河两岸至今的"建设性世界主义"艺术运动。

这一历史时期除了集中讨论了艺术表达与公共生活的关系，公众与艺术展馆、文化生产部门的联动关系也愈加紧密。进入20世纪，在国家和政府部门、学校、企业的倡议下，大小城镇陆续诞生了多种主题艺术展馆，至今已有220多家。如今互联网与社交平台上的工作坊与视觉、影音与多媒体艺术作品的发布，逐渐使乌拉圭在当代文化中，艺术对历史的记录，对共同体文化记忆的发掘，重视艺术在当代条件下具有的社会反思形式的信息性的革新潜力成为延续至今的传统。

目前乌拉圭致力于现当代艺术的机构和团体，都秉持着公共性与教育性的坚实理念。例如乌拉圭当代艺术空间（EAC）①，在2000年创立之初即采用"空间"（espacio）而没有使用"艺术馆"（galería）或"展馆"（museo），可见其发展理念：当代艺术并不仅仅是一个展览空间，而是一个开放的平台，一个沉浸性的体验场所。作为国家直属的当代艺术机构，EAC的艺术家和策展团队中还包含有共和国大学建筑学院以及大学设计中心，它们不仅直接参与创作和观察研究，还同时举办研讨会和公共讲座、工作坊，促进当代艺术传播及学术研究。

无论是以托雷斯·加西亚为代表的视觉艺术家群体，还是以UMBI为代表的媒介艺术家，其作品和艺术行为都坚持艺术的公共性与教育性，并推进着一种世界主义观念。这一理念自21世纪以来，在乌拉圭被诸多艺术家接受并发展，例如乌拉圭当代"艺术之父"路易斯·加姆尼泽在理论上将其融入该国艺术教育。进入21世纪之后，乌拉圭在视觉艺术（绘画、雕塑等）、装置及空间艺术、行为与媒介艺术（潮流设计、电影、音乐与多媒体）等坚持概念艺术的当代理念，激发公众对当下艺术创作和表达的好奇心，通过艺术表达引导积极的、带有反思性并具有艺术评论观念的新受众。

在疫情蔓延的2020年，当代艺术在许多领域合作呈现多元化风貌，但它的主要价值仍是提醒社会回归人性，正如文艺理论家莱西亚·霍门科（Lesya Khomenko）所说的，艺术是混乱时期的解药，是通往明亮之地的路线图，是抵抗

---

① Espacio de Arte Comtemporáneo，2020年建馆，隶属于国家文化事务部（DNC）和教育文化部（MEC），是乌拉圭唯一专门从事当代艺术的国家公共机构。参见官方网站 http://www.eac.gub.uy/。

和修复的力量;艺术创造着记录的方式,创造着新的语言、形象;艺术是缓慢的工具,不会立即发挥作用,而是需要实验,持续分析、解构刻板印象和思维的模式,"艺术不应该解释,它应该成为行动的号召,成为另一种新闻或文化外交的形式"①。

艺术馆是乌拉圭当代最直接的艺术公共教育场所,疫情的发生加速了艺术场馆的数字化,社交隔离让艺术家与艺术馆也开始思考疫情之下的艺术发展与展览形式,传统艺术馆在增加线上展览的同时亦开始举办其他诸多线上的活动,在探索艺术展览与活动更多元形式与可能性的同时也给人们在疫情阴霾下的生活带来光明。例如乌拉圭当代艺术馆通过遴选全球知名的平面设计师,进行一系列以"防疫"为主题的海报设计,利用手机终端为参观者进行解读。同时,艺术家也需要肩负起其自身的社会责任,用自己的艺术创作来记录历史、记录当下的人们,帮助人们重新寻回对生活的热情与希望。让作品与社会对话,艺术空间如博物馆和画廊,"线上"触碰的方式也是艺术的使命和社会责任。

蒙得维的亚政府"在家欣赏艺术"项目下的艺术家记录社交隔离状态下的生活与创作,这一项目邀请大家来思考一天作为时长的意义,同时打开了一个窗口,即当实体艺术空间暂停的时候,艺术的声音并不会暂停。发起线上流行的艺术浪潮呼应了因疫情而使全球停顿的集体经验,既包含了隔离、焦虑、对感染与死亡的恐惧、前线医护人员的勇敢与奉献,又通过艺术品展示了新冠肺炎疫情给生活带来的充斥着混乱、恐惧、团结及鼓励等多种感受。通过这些艺术与情绪的分享让观众知道无论在何种情况下,我们都不是孤单的。

互联网也增强了国家间的艺术交流,这种交流不仅限于作品,也在艺术家之间,艺术领域得以跨越距离同步反思、交融、颠覆关于中心与外围的观念,将1969年以来在拉丁美洲艺术领域兴起的多元文化主义不断融入具体的当代语境,艺术上的多元与整合在城市化、全球化和消费主义三股潮流中不断发展革新。

乌拉圭当代艺术空间(EAC)从建馆之初就制定了明确的政策,即支持本国的艺术家,同时也坚持包容性计划,将乌拉圭本土艺术家与不同国家的艺术家融合在一起。2000年以来,EAC的艺术项目中有40%以上的艺术项目来自海外。艺术家利用融媒体作为介质,进行创作和传播,互动功能在疫情期间起到极大的

---

① "No debe Explicar, ser un Llamado a la Acción, Convertirse en una Forma de Periodismo Alternativo o Diplomacia Cultural." https://cultura.intendentealvear.gob.ar/proyectos/.

乌拉圭年度报告（2020—2021）

心理联结作用。

疫情之下文化产业遭到最大打击的莫过于电影行业：影院关闭，拍摄项目全面停滞，电影业陷入全球性的冻结。在此背景下，使乌拉圭电影行业和戏剧行业能获得喘息空间的无疑是融合媒体技术。

由于疫情而被迫延至 2021 年的比菲兹国际电影节（el BIFICI）突破了以往的数量，共出现了 7 部乌拉圭电影，3 部因疫情而搁浅上映计划的影片，通过线上媒体完成公布与商业发行。此外，通过融合媒介完成作品传播的范例是索利斯剧院[1]，该剧院在社交媒体上开通了免费的网络直播平台"索利斯电视"（Solís TV）[2]，从周三至周日，民众可以通过社交账号或在剧院官方网站上免费欣赏到直播形式的交响音乐会、话剧片段、纪录片及艺术家的圆桌讨论等。与传统的现场演不同，融合媒体的交互功能在此过程中表现突出：每天演出前的 30 分钟，每位艺术家通过个人的社交账户展示和讲解自己的作品，通过在线对话功能与观众进行互动，介绍自己的艺术作品，这常常激发起创作者的即时灵感。

除此之外，艺术家亦开始运用虚拟实景和增强现实技术来展示、出售艺术商品，新科技与艺术相互合作的趋势也愈加明显。技术本身成了艺术家反思与创作的对象与素材，其中具有代表性的作品当属电影导演埃米利奥·席尔瓦·托雷斯（Emilio Silva Torres）的"视频记录"（"Directamente para video"）。科技与艺术不同媒介壁垒的打破进一步互释了多元文化主义下的冲突、对话与融合，阐释了技术主导型文化消费下的身份认同、阶级差异及与人类共情。

三、疫情期间的重要艺术作品

2020 年 8 月，乌拉圭著名剧作家卡夫列尔·卡尔德隆（Gabriel Calderón）在接受《观察者》报采访时对艺术在疫情期间的作用发表了如下观点[3]："艺术帮

---

[1] Teatro Solís de Uruguay，以第一个到达拉普拉塔河的欧洲探险家胡安·迪亚斯·德·索利斯命名（Juan Díaz de Solís）。始建于 1856 年，是乌拉圭最重要和有名望的歌剧院，也是南美洲最古老的剧院。20 世纪后在蒙得维的亚政府的支持下创建了国家喜剧艺术中心和蒙得维的亚爱乐乐团。

[2] https://www.teatrosolis.org.uy/home.

[3] El Año en que la Cultura Uruguaya le puso el Cuerpo al Covid, Balacen del fin del año, el Observador, 27.12. 2020, https://www.elobservador.com.uy/nota/el-ano-en-que-la-cultura-uruguaya-le-puso-el-cuerpo-al-covid-los-hitos-del-ano-pandemico-202012275050#.

不上任何忙,而这正是艺术'有用性'的根基,艺术终会用某种方式使个人生活慢慢好起来。"

艺术家在疫情之下,对艺术、自然与生命重新思考,也试图通过艺术让思想得以自由呼吸。2020年4月,由蒙得维的亚文化部发起建立"虚拟展场"并将之命名为"隔离中的艺术",召集全社会各艺术领域的创作个人或集体,"以我们正在经历的全球性突发卫生事件为灵感来源,围绕公众对世界局势变化的感知、隔离期和社交区隔、危机状态下的个体脆弱与守望相助自由地进行艺术创作,在病毒肆虐的当下传递精神力量"[1]。在此倡议之下,乌拉圭艺术家们呈现了丰富的艺术提案和作品:文学、视听艺术、造型艺术、线上戏剧表演、摄影和短片等。通过艺术这一桥梁,使得一个个孤岛个体连接起来,建立了一个由艺术构成的精神共同体。

在疫情期间创作的作品中,艺术家聚焦疾病中的个人时刻,对生命与社会连接方式进行反思。乌拉圭当代壁画家莱安德罗·布斯塔曼特(Leandro Bustamante)将其在疫情期间亲身经历的几次隔离、几次核酸检测以及因发热而被送往医院的经历与全球疫情的观察相结合创作了一系列的作品,来记录梳理与思考这段历史。2020年9月,莱安德罗·布斯塔曼特在希腊举办的第五届国际壁画艺术节上展示了其中的一幅[2],用巨幅的动态人像表达了对艰难条件下人与人如何建立连结的思考。莱安德罗选用多种明亮色调进行调和,人像的展现却似画布碎片般拼贴而成,明朗的颜色在阳光下闪亮而富有希望,但画面上两个人之间不断运动纠缠的表情却带来慌张和不解的反差。

画家何塞·加利诺(José Gallino)则以自己的母亲为模特进行创作,探讨疫情中的公平与正义、医护人员的守护、病毒与人类之间的生存博弈及疫情之下的世间百态。作品中的母亲由于高龄,属于易感人群,花白的头发与洁白的口罩加深了脆弱感,但老人的碎花上衣及望向儿子的眼神充满柔情与希望。画家将作品取名为《如果你可以》(Si Podéis),呼唤家庭和社会对疫情中的老人给予支持与关注[3]。

---

[1] https://montevideo.gub.uy/noticias/cultura/arte-en-tiempos-de-cuarentena.
[2] https://www.artinprogress.eu/5o-international-street-art-festival-patras-|-artwalk-5/.
[3] 作品参见 https://galeria.montevideo.com.uy/Revista-Galeria/Artistas-callejeros-hablan-sobre-sus-inicios-tecnicas-y-obras-mas-recientes-uc754679。

戏剧摄影及平面设计师亚历山大·佩尔西凯蒂(Alejandro Persichetti)与剧场演员们共同创作了一组反映疫情下社会生命现状的摄影作品，在国际上引起了强烈反响。艺术家选取了流行病书写的标志性作品——乌拉圭画家胡安·曼努埃尔·布拉内斯(Juan Manuel Blanes)于1871年创作的《布宜诺斯艾利斯的黄热病》，融入了现实的语境和元素，使用新闻纪录片的摄影手法与极具戏剧舞台色彩的画面设计，呈现了一幅全新的灾难记录图片。在乌拉圭绘画史上原作是一幅伟大的现实主义作品，主角是两位英雄，富人的第一本能应是逃离瘟疫，而他们在街头民宅的出现反映的是一种超越阶级的广泛团结，是对人道主义的呼吁。原作两个上层阶级男人在一名悲惨地倒地死去的移民妇女面前脱帽，同时也为背后用手帕掩鼻的人保留出空间，而倒地的母亲美丽犹如一个坠落的天使。新作的场景来到了蒙得维的亚，相同的角色和相同的姿势，作品富有了更戏剧化的光泽：逼仄空间中无助的底层家庭，穿着防护服的两位医护人员和背后躲在门外戴着口罩拿着摄像机与手机拍摄的记者①。新作明显颠覆了原作的主题，对危机中所体现的社会问题、结构性矛盾下的健康公平问题发表了意见，使这部作品穿越了时空，具有了新的批判意义。同样具有社会讽喻性与观点性的作品在同系列中还有基于对1939年爱德华·霍珀《纽约的电影院》(*Cine en Nueva York*)的再创作，反映了文化与经济萧条的景象②。

弗拉维亚·夸迪诺(Flavia Quartino)指导的名为《与世隔绝》(*Extrañamiento del mundo*)短片，它是一部20分钟的纪实片，是一篇试图勾勒眼中陌生场景的视觉散文，通过叙事方法回应过去一年因新冠肺炎疫情全球所面对的混乱变局。电影将"生长"的起点设置在一座根据场地特制的巨型金色空间之中，通过营造新旧并陈、兴衰交替的矛盾氛围，从而对当下的社会文化情境做出隐喻。通过重新丈量既定文化的边界发掘了全球历史的内在规律，进而开启了对新旧文化的多元对话与共生的探索。在新的画面中反复并置、穿插、颠倒，如新陈代谢般获得再生。纵横交错、斑驳的拼贴肌理亦体现了艺术家的反抗精神，有意地打破了当代艺术系统主流创作与大众创作间的隔膜，开拓了创作的新领域。从作品中看到了他对过去与未来的探索，新冠肺炎疫情带来的全球化的混乱对于艺术而

---

① 作品参见 https://www.busqueda.com.uy/Secciones/La-pintura-la-escena-y-la-camara-uc47509。
② 作品参见 https://salaverdi.montevideo.gub.uy/actividades-conexas/uruguay-ensayo-pandemico。

言也需要一片新的土壤得以再生。导演吉列尔莫·特罗洪（Guillermo Trochón）的15分钟系列作品"心之幽禁"（Encierro de mente），则以喜剧的形式描述了联结在一起的世界各地，表达了人类命运共同体的概念，面对新冠肺炎疫情，人类的命运是息息相关的，在病毒肆虐的世界，新的秩序在静待重启①。

建筑师马丁·戈麦兹·普拉特罗（Martín Gonzáles Platero）在蒙得维的亚南大西洋海滨设计并建造了一座大型环状纪念碑，以纪念全世界在新冠肺炎疫情中逝去的生命②。其主体是一个直径为131英尺的耐候特种钢锻制圆盘，环形圆盘中心是下沉的礁石海水，建筑师采用的几何圆形体现了人类共同体的概念，也反映了当代乌拉圭文化中坚持的世界主义理念。整个建筑浑然一体，只有入口处的裂缝象征危及和谐的突兀的断裂，作为新冠肺炎疫情的隐喻，纪念碑将人类共同的记忆视觉化，为新冠肺炎疫情时代创造了一份切实的文本记录，用艺术体现了对人类的理解与热爱。

结　语

2021年第27届伊比利亚美洲国家峰会宣布发起"伊比利亚美洲万岁"文化节，"在疫情的严酷冲击后为公众与艺术家提振士气"③，乌拉圭是首届文化节东道主。或许乌拉圭能够成为疫情之下通过文化与艺术将22个伊比利亚—美洲国家团结起来的文化纽带。

全球疫情大流行下，乌拉圭积极恢复和发展文化艺术产业，艺术家对于现实环境的反应也即时而迅速，借助多样的网络媒体资源，呈现了丰富的艺术创作，体现出该国文化强大的创造力。艺术家追求国际当代语境下的在地化艺术性表达，将多元的艺术风格、世界主义的理念以及对社会政治与经济议题的关注都融合在独特的创作之中，将艺术创作与社会公共议题、个人经历与生命思考进行串联，探索了疫情下人类普遍关注的主题。

---

① 影片可在乌拉圭国家电影图书馆（cinemateca）观看，https://cinemateca.org.uy/peliculas/1130。
② 作品参见 https://www.visualatelier8.com/architecture/2020/9/gomez-platero-world-memorial-to-pandemics。
③ 详见第28届伊比利亚美洲峰会秘书处官方文章：Nace "Iberoamérica Viva", el Festival que Celebra la Cooperación Cultural Iberoamericana，https://www.segib.org/nace-iberoamerica-viva-el-festival-que-celebra-la-cooperacion-cultural-iberoamericana/。

乌拉圭高等教育现状

李蓓儿*

摘要：乌拉圭教育事业发达，教育体系完整且覆盖面广，在高等教育阶段公立与私立教育机构平行发展。随着中乌两国沟通交流日益密切，两国高校间的合作不断加深，然而我国对乌拉圭的教育体系，尤其是高等教育体系了解较少。本文从乌拉圭高等教育体系、乌拉圭的大学教育以及乌拉圭7所大学概况三方面综合介绍乌拉圭高等教育及高校概况。

关键词：乌拉圭　高等教育　高校

在乌拉圭，教育权是法律赋予公民的一项基本人权，乌拉圭的教育政策原则是平等公平，教育政策的基本目标是确保所有公民通过多种多样的教育活动获得高质量的学习。乌拉圭教育事业发达，据统计，2018年，大学及以上文化程度人口占总人口的12.4%，2019年，乌拉圭教育经费开支为1 006.78亿比索，占国内生产总值的5.1%[1]。

一、乌拉圭高等教育体系

乌拉圭教育和文化部2009年1月颁布的《普通教育法》（第18.437号法律）确立了非宗教性质的公立教育系统，实行14年义务教育，即从4岁开始的学前教育到17岁的中等教育，包括11年基础教育和三年高级中等教育（普通高级中等教育或技术类高级中等教育），公民完成义务教育之后可通过申请的方式继续高等教育的学习。

《普通教育法》（第18.437号法律）还规范了国家公共高等教育体系，设立了国家公共教育体系协调委员会（CCSNEP），旨在促进国家高等教育体系的建设

---

* 李蓓儿，北京交通大学语言与传播学院教师。
[1] 中国领事服务网乌拉圭概况，http://cs.mfa.gov.cn/zggmcg/ljmdd/nmz_657827/wlg_658511/。

和完善。为协调发展国家的公共高等教育,该委员会下设国家公共高等教育系统协调委员会(CCSNETP),由教育部、公立大学和国家公共教育管理部门的高级主管组成,以机构自治为基础理念,促进各个公立高等教育机构的联合工作。其工作内容包括:促进高水平、高质量的高等教育的普及,协助公民行使教育权;促进高等教育形式与机构多样化;推进符合国家发展需要的技能培训;保障高等教育工作者的权益,为其提供系统化评估、培训等服务;推动高等教育机构的自治与资源共享;促进国家完整教育体系的构建。

乌拉圭的高等教育包括非大学技术课程、高等技术教育、师范教育和大学高等教育,同时有公立教育与私立教育的区分。公立大学有两所,包括1838年设立的乌拉圭共和国大学和2013年设立的乌拉圭科技大学。私立大学机构有"大学"和"大学类学院"两种,区别在于开设学科的数量,其中,大学必须有三个或更多的独立学科领域开展教学、研究和推广活动,这些学科领域以院、系或同等的学术单位为组织主体。而"大学类学院"是指少于三个学科领域,但能够提供大学水平课程的机构。这两类私立高等教育机构颁发的学位具有同等价值。

从学科覆盖范围、机构的主要活动及授予学位三个角度分析,大体差异如表1所示①:

表1 乌拉圭高等教育学科覆盖范围,机构主要活动及可授予学位情况

	学科覆盖范围	主要活动	可授予学位
公立大学	无规定	教学、科研、推广、协助	本科和研究生相应学位
私立大学	至少三个不同学科	教学、科研、推广	本科和研究生相应学位
私立大学类机构	一到两个学科	教学、科研、推广	本科和研究生相应学位
私立非大学高等教育机构	无规定	教学	非大学高等教育学位
高等教育公立机构	无规定	教学	非大学高等教育学位

在乌拉圭,还有一类教育机构,它们不是大学机构,但又被法律承认是高等教育机构,即"非大学性质的高等教育机构",如一些公共机构的教育培训单位,虽然没有正式纳入高等教育体系,但是它们培养出来的毕业生往往被一些行政

---

① 乌拉圭教育文化部官方报告,https://www.gub.uy/ministerio-educacion-cultura/comunicacion/publicaciones/sistema-educacion-superior-uruguay。

机关承认具备相当于大学水平的学位。如乌拉圭第 19.188 号法律（军事和警察培训条例）规定，警察和军事教育分别由内政部和国防部负责，并且第 221/018 号行政令规定了教育与文化部承认这两个机关内部的教育课程，并承认完成学业后获得的相应的大专、大学本科和研究生学位。

技术职业教育委员会（CETP/UTU）是乌拉圭教育系统里的重要一环，集中了最多的公共高等教育机构，提供技术层面的教育。它提供的课程是技术高等教育水平课程与大学水平课程之间的衔接，而且课程与公立大学教育直接相连[①]。

乌拉圭的教师培训同样属于非大学的高等教育阶段，教育培训委员会（CFE）负责小学、中学和技术教育的教师培训，是国家公共教育管理局的一部分，负责中小学及技术教育的行政和管理。该委员会有 24 个教育中心、4 个高等教育课程、87 个教育类科目[②]。乌拉圭的《普通教育法》（第 18.437 号法律）规划创建大学教育学院，目前该计划已经转变为创建教育大学（Universidad de la Educación），其结构与乌拉圭共和国大学和乌拉圭科技大学类似。除了传统的教学和教授课程外，计划增加技术教师和社会教育工作者，以及幼儿技术助理和数字实验室助理两个技术类课程。

二、乌拉圭大学教育

目前，乌拉圭有 16 所大学机构和多所非大学高等教育机构。表 2 为乌拉圭高等教育机构及创建年份（公立机构）或授权年份（私营机构）及官方网站[③]。

表 2 乌拉圭高等教育机构及创建或授权年份

公立大学	共和国大学（1838 年）www.universidad.edu.uy 科技大学（2013 年）www.utec.edu.uy
私立大学	乌拉圭天主教大学（1984 年）www.ucu.edu.uy 乌拉圭大学（1996 年）www.ort.edu.uy 蒙得维的亚大学（1997 年）www.um.edu.uy 企业家大学（1998 年）www.ude.edu.uy CLAEH 大学（1997 年认定为大学类机构，2017 年认定为大学）www.claeh.edu.uy

---

① 乌拉圭技术职业教育委员会网站，https://www.utu.edu.uy/institucional/presentacion。
② 乌拉圭教育培训委员会网站，http://www.cfe.edu.uy/。
③ 乌拉圭教育文化部官方报告，https://www.gub.uy/ministerio-educacion-cultura/comunicacion/publicaciones/sistema-educacion-superior-uruguay。

续表

私立大学类机构	基督教青年会(2000 年)www.iuacj.edu.uy 弗朗西斯科-德-阿西斯- IUFA(2001 年)www.iuacj.edu.uy 教学研究和信息中心(2001 年)www.cediiap.edu.uy 克兰登卫理公会大学研究所(2003 年)www.universitariocrandon.edu.uy 精神分析研究生院(2003 年)www.apuruguay.org 马里亚诺-索莱尔研究所(2004 年)www.facteologia.edu.uy 乌拉圭疾病研究和诊断中心(2005 年)www.iuceddu.com.uy AUDEPP 研究生院(2011 年)www.audepp.org/portal 埃斯特角城理工学院(2013 年)www.politecnico.edu.uy
私立非大学高等教育机构	航海中心(2002 年)www.cennave.com.uy 对外贸易和海关职业培训学校(2013 年)www.cea.edu.uy 乌拉圭烹饪协会(2014 年)www.ug.edu.uy 乌拉圭听障群体研究院(2018 年)www.cinde.net
高等教育公立机构	职业技术教育委员会(1878 年)www.utu.edu.uy 教育培训委员会(1937 年)www.cfe.edu.uy

此外,还有一些公立机构也提供高等教育课程或本科专业,如表3所示。

表3 其他提供高等教育课程的公立机构

国家警察学校	公共安全学士学位	www.enp.edu.uy
海军学校	海军系统专业学士学位	www.escuelanaval.edu.uy
军事高等研究院	军事科学学士学位	www.imes.edu.uy
民族高等研究中心	战略学硕士学位	www.calen.edu.uy

乌拉圭第一所私立大学是乌拉圭天主教大学(Dámaso Antonio Larrañaga)。1984 年 8 月,第 343/984 号法令正式批准和承认了其作为私立大学的法人资格,同年 10 月,第 15.661 号法令批准和承认了其颁发的学位的法律效力。而私立大学体系的建立则是在 1995 年,第 308/9959 号法令规定了乌拉圭私立高等教育机构的设立条件、程序、管理、运营、学位授予等方面内容,教育和文化部承认其颁发的学历学位与公立大学享有同样的学位价值。

乌拉圭公立大学与私立大学资金来源的差异非常大。乌拉圭两所公立大学的资金来源主要由财政拨款,主要依据是《国家预算法》(5 年一次),以及根据《问责法》每年制定的预算校正。除了财政支持,公立大学还有其他收入来源,如大学与第三方达成的信息咨询、科学研究或技术转让等形式的经济活动而获得的收益,或向学生提供职业技能为主的研究生课程或继续教育等收取的学费收入。共和国大学还拥有名为"团结基金补充项"的收入,该基金由学校毕业生捐赠,而共和国大学必须将这笔收入用于国内学术活动和学校基础设施和维护。在资金使用方面,除了某些定向的经费外,两所公立大学都有广泛的自主权,可以根据自己的实际情况自主决定资金的使用。

与此同时,私立大学和其他高等教育机构的经费主要来自学费收入,国家不给予其财政支持,但《共和国宪法》第69条规定了对私立教育机构的免税政策,即政府对其学费收入赋予税收豁免权。另外,公立和私立大学都可以接受乌拉圭境内法人的公益性特别捐赠,对于捐赠者,政府准予按税法规定,在计算应纳税所得额时税前扣除。

乌拉圭的公立大学,即所有本科课程、学术型硕士研究生课程和博士课程都不收取学费,但是职业型的研究生课程可以申请向学生收取学费。学费是私立大学经费的重要来源,但同时,私立大学也设有奖学金制度,方便学生入校学习。私立高等教育机构的奖学金大多来自企业及个人的捐助。私立大学还设立有教育信贷项目,学生可以向开展此业务的银行申请助学贷款。

此外,公立大学也为有经济困难的学生提供名为"团结基金"的奖学金,例如为满足学生和工作人员的基本生活需求,共和国大学设有大学福利处,通过该机制,学生可以获得不同种类的奖学金及其他福利,包括住房租金保障、教学支持和心理辅导及牙齿保健等服务。

在课程设置与学位获取方面,公立大学与私立大学存在较大差异。公立大学学位课程的设置和学位是基于内部的自治机制而获得,任何其他外部组织或机构无权干涉。而私立大学的课程设立及变更都必须经由文化和教育部的认定,这个认定过程以外部评估为基础,最后经部长决议确定。由此可以看出,乌拉圭大学高等教育的学位价值是基于两种完全不同的程序而赋予的。

表4概括了乌拉圭两所公立大学及私立高等教育机构除特殊专业外(医学等),各类学位对学习时长和学分要求的概况[①]:

[①] 乌拉圭教育文化部官方报告,https://www.gub.uy/ministerio-educacion-cultura/comunicacion/publicaciones/sistema-educacion-superior-uruguay。

表 4　乌拉圭大学各类学位的学习时长和学分要求

	技术员/技师/中级学位	学士学位	硕士学位（Especialización）	硕士学位（Maestría o Máster）	博士学位
共和国大学	160—240 学分，2 或 3 年，至少 1 200 学时	320—400 学分，4 或 5 年，至少 2 400 学时	60 学分，1 年	100 学分，2 年	3 年，无学分规定
科技大学			未开设	未开设	未开设
私立高等教育机构	750—1 250 学时，无学分规定，1.5—2.5 学年	至少 2 200 学时，4 或 5 年	300 学时，1 年，无学分规定	500 学时，2 年，无学分规定	3 年，无学时和学分规定

学分规范方面，乌拉圭没有统一的教育学分系统，但与很多国家一样，大多数学校和机构使用一些常规的学分评价系统，如学分分配的核心逻辑起点是学生必须为每门课程或活动投入足够的时间，无论这些时间是上课时间、辅助工作、个人学习还是与学习有关的其他活动。在公立大学和一些私立机构，1 个学分相当于 15 个学时。而天主教大学则采用基于 ECTS（欧洲学分转移系统）参数的学分制，即每 25 学时 1 学分。表 5 为各机构学分系统使用情况。[①]

表 5　乌拉圭高等教育机构学分评价系统

机　　构	学分与学时对应关系
共和国大学	1 学分 = 15 学时
科技大学	1 学分 = 15 学时
乌拉圭大学	1 学分 = 15 学时（总体）
基督教青年会	1 学分 = 15 学时
乌拉圭天主教大学	1 学分 = 25 学时（ECTS）
蒙得维的亚大学	1 学分 = 10 学时
乌拉圭疾病研究和诊断中心	1 学分 = 20 学时
马里亚诺-索莱尔研究所	1 学分 = 40 学时
AUDEPP 研究生院	1 学分 = 3.6—3.8 学时
埃斯特角城理工学院	1 学分 = 7.2—8.1 学时

---

① 乌拉圭教育文化部官方报告，https://www.gub.uy/ministerio-educacion-cultura/comunicacion/publicaciones/sistema-educacion-superior-uruguay。

续表

机　　构	学分与学时对应关系
企业大学	不使用学分
CLAEH 大学	
克兰登卫理公会大学研究所	
精神分析研究生院	
弗朗西斯科-德-阿西斯	
教学研究和信息中心	

原则上，各高等教育机构可自由组织安排其学年，实际上，不同机构的学年时间安排基本一致。一个学年一般被分为两个学期，一般每学期有 15 或 16 周。第一学期从 3 月开始，持续到 7 月或 8 月，第二学期从 8 月开始，持续到 11 月或 12 月。常规考试和补考时间通常会安排在 2 月、7 月和 12 月。1 月通常不安排教学活动，而且有些院校在 1 月前两星期放假，1 月中旬开始恢复工作。2 月通常会有密集教学安排，如学术活动、分级考试或前期学习水平评估测试、课程等。

乌拉圭的大学教育阶段，尤其是研究生阶段，存在一定数量的联合培养或双学位项目，参加这些项目的学生由乌拉圭国内或与国外机构联合授课。如乌拉圭科技大学在联合培养及双学位方面设计了不同类型的学位类型，如独立培养、与其他机构联合培养、多学位等。

三、乌拉圭的大学概况

（一）乌拉圭共和国大学

1849 年 7 月 18 日，共和国大学成立于首都蒙得维的亚，是乌拉圭最重要的公立大学，直到 1985 年，其在乌拉圭的高等教育中处于支配地位。根据 2018 年的数据，共和国大学在校本科生数量超过 13.5 万[1]。目前，共和国大学以首都蒙得维的亚校区为中心，在乌拉圭 Rocha、Maldonado 等 14 个省开展教学和科研等活动。现任校长是经济学家罗德里戈-阿里姆，2018 年上任。共和国大学学

---

[1] 共和国大学网站，https://udelar.edu.uy/portal/institucional/。

科覆盖健康科学、技术、自然和栖息地科学、社会科学和艺术等多个领域,其中仅医学,就有超过 5.5 万名在校生,涵盖 42 个本科专业和 125 个研究生专业。

共和国大学是自治实体,宪法赋予了它高度自治权。共和国大学有权在学生、老师和毕业生中选举管理者,然后由自治当局任命学校的教学和非教学人员,制定章程,批准学习计划。第 12.549 号《共和国大学组织法》规定了其机构治理系统的运作机制,即所谓的"共同治理"。根据这一制度,学生、教师和毕业生这三个群体的代表都能够参与到管理机构中。

传统意义上,共和国大学的本科入学是无条件开放的,除医学、翻译或体育等专业外,没有入学配额,这就意味着任何完成上一周期教育的人都可以申请入学。但共和国大学的一些院系实行"有条件录取",要求必须在大学规定的日期前通过所有中等教育科目的考试。

(二) 乌拉圭科技大学

乌拉圭科技大学(UTEC)是全国第二所公立大学,创建于 2013 年,与共和国大学相同,也是自治实体,以研究和创新为导向,是一所具有技术特色的公立大学。

为响应国家的战略方针,科技大学的办学宗旨是使全国人民,尤其是乌拉圭首都以外的内陆地区,能享有更加公平的高等教育资源。目前有近 4 000 名在校生。教学覆盖学科包括机电、物流、生物医学、农业食品、环境科学、信息技术、音乐艺术等。学校的主要任务是在全国,特别是内陆地区,综合培养不同领域的专业人员、研究人员、企业家和优秀的创新创业者[1],鼓励和促进科研成果的产生、转化和转让,将知识与实际生产紧密结合在一起,以促进乌拉圭的社会、经济和技术发展。

学校在全国多个内陆省份设置了地区技术研究所(Instituto Tecnológico Regional,简称 ITR),以满足不同地区的培训需求。根据学校 2021—2025 年战略规划,还将在乌拉圭东部 Treinta y Tres、Lavalleja、Rocha 和 Maldonado 三省建立新的研究所[2]。

---

[1] https://sobreciencia.uy/instituto-regional-norte-de-utec-busca-formar-profesionales-para-desarrollar-investigacion-aplicada/.
[2] 科技大学网站,https://utec.edu.uy/es/sobre-utec/.

(三) 乌拉圭天主教大学

乌拉圭天主教大学位于蒙得维的亚,在 Punta del Este、Salto 等城市拥有校区,是乌拉圭最古老,也是地理分布最广泛的私立大学。1984 年 8 月第 343/984 号法令对乌拉圭天主教大学给予了正式承认。

乌拉圭天主教大学的起源可追溯至 1882 年,由蒙得维的亚第一任大主教马里亚诺-索莱尔创建,如今是天主教会在乌拉圭高等教育领域的主要阵地,以学术追求、意识形态多元化、泛基督教主义和宗教间对话为己任,是国家文化生活中的重要参与者。目前乌拉圭天主教大学有 8 000 名在校生,专业覆盖艺术与传播、经济管理、社会科学、法律、教育、工程、医学等领域①。

(四) 乌拉圭大学

乌拉圭大学,位于蒙得维的亚,1942 年成立时为技术学校,1996 年获得教育文化部批准,更名为大学。目前学校有 1 500 多名教师和研究人员,有 12 000 位在校学生。学校在建筑、工程、生物技术、管理、经济、国际关系、设计、动画、通信和教育等领域设有超过 75 个本科专业、研究生和技术学位。乌拉圭大学是乌拉圭在创新课程和教育技术方面的先驱②,每年都会分配资源用于不断改进教学和研究方法、教育基础设施以及教师培训③。

(五) 蒙得维的亚大学

蒙得维的亚大学的起源可以追溯到 1986 年 11 月 25 日成立的蒙得维的亚企业研究所(IEEM),1997 年得到政府官方授权成为私立大学。蒙得维的亚大学是一所具有基督教特征的大学。旨在通过在大学学习和工作中追求卓越,在个人、家庭和社会中推动工作文化和服务文化的发展。它的学术活动建立在人类寻求真理的概念基础上。力求因其教学和研究的质量以及其国际性而得到认

---

① 乌拉圭天主教大学网站,https://ucu.edu.uy/es/quienes_somos。
② Universidad ORT Uruguay Fomenta el Emprendedurismo Desde su Centro de Innovación y Emprendimientos. https://www.elobservador.com.uy/nota/universidad-ort-uruguay-fomenta-el-emprendedurismo-desde-su-centro-de-innovacion-y-emprendimientos-2020112415250.
③ 乌拉圭大学网站,https://www.ort.edu.uy/la-universidad/presentacion-institucional。

可。教学科研覆盖商业研究和经济学、传播、法律、人文与教育、工程学、生物医学、经济学等领域①。

(六) 企业家大学

企业家大学成立于1992年,时为乌拉圭营销经理协会(Asociación de Dirigentes de Marketing del Uruguay)主办的商校,1998年得到政府批准成为大学,是一所发展迅速的私立大学。自1998年以来,企业家大学的招生人数保持持续增长,目前已达5 000名学生。学校得到了乌拉圭多家重要商会和专业协会的支持。

目前,企业家大学拥有5个校区,并设有7个院系,分别是:农业科学学院、商业科学学院、教育科学学院、法律科学学院、健康科学学院、设计和通信学院、工程和商业发展学院。此外,还通过战略联盟拥有两个实习校区:Casa de Galicia医院,用于医学学士的实践课程;Scuola Italiana,用于体育教育本科的实践课程②。

(七) CLAEH 大学

CLAEH大学是一个非营利组织,成立于1957年,时为拉丁美洲人类经济中心(Centro Latinoamericano de Economía Humana,简称CLAEH),主要活动包括跨学科研究、社会干预、培训和公共政策讨论等。通过对社会问题的研究促进对乌拉圭农村、儿童、贫困、不平等、民主、权力下放和地方发展等问题的讨论和政策制定。

通过与拉丁美洲和加勒比地区其他组织的交流和合作,为加强地方发展提议。作为乌拉圭多元主义、人文主义、自由和民主思想的中心,CLAEH大学成为经济学家、社会学家、政治学家、历史学家、城市规划师、社会工作者和教育家的会议和辩论空间。教学科研涉及领域包括医学、法律、教育、地方发展、干预与发展、技术与教育等③。

---

① 蒙得维的亚大学网站,https://www.um.edu.uy/index.php/。
② 企业家大学网站,https://ude.edu.uy/autoridades-ude/。
③ CLAEH大学网站,https://universidad.claeh.edu.uy/presentacion-institucional/。

结　语

从教育体系整体上看,乌拉圭位列拉美和加勒比地区最先进的教育体系。国家公共教育管理中央委员会(ANEP)报告指出乌拉圭基础教育普及率已经到达了全覆盖,在结束基础教育后继续进入中等教育学习的学生比例也从2014年的96%进一步增长到了2019年的99%①。与此同时,乌拉圭的高等教育也处在不断发展的过程当中,私立大学发展迅速,公立大学也在不断完善和壮大。7所大学中有4所上榜2021年QS世界大学排名和拉美地区大学排名,分别为共和国大学(世界排名801—1 000、拉美排名47)、乌拉圭天主教大学(世界排名801—1 000,拉美排名101)、乌拉圭大学(世界排名801—1 000,拉美排名101)蒙得维的亚大学(世界排名492,拉美排名85)②。教育是立国之本、强国之基。在当前我国与拉美地区交流日益频繁的背景下,我们应当关注乌拉圭的教育状况,取长补短,共同进步,为两国学生间的交流提供便利,为两国学校间的合作搭建桥梁。

---

① Educación en Uruguay: Características, Cifras y otros Detalles a Tener en Cuenta, https://mpp.org.uy/educacion-en-uruguay-caracteristicas-cifras-y-todo-lo-que-hay-que-saber/.
② QS中国网站,https://www.qschina.cn/qs-world-university-rankings-2021。

乌拉圭的汉语教学及中国文化传播

张笑寒*

摘要：1988 年，中国同乌拉圭东岸共和国建交，自建交以来，两国关系发展顺利，保持各层次往来，在国际事务中相互理解和支持，建立了长期稳定、平等互利的友好合作关系。近些年来，中国已经成为乌拉圭第一大贸易伙伴国，乌拉圭成为中国多种农业产品供应大国，经贸关系的发展也推动了两国文化活动的交流。乌拉圭共和国大学校长马尔卡里安博士曾在 2018 年于乌拉圭举办的第 11 届"汉语桥"比赛致辞中表示："中国是一个伟大的国家，汉语是了解中国的桥梁，学好汉语对扩大与中国的交往至关重要。"[1] 汉语的学习在乌拉圭成为一种新的潮流，从边缘到主流，从民间机构到官方组织，汉语在乌拉圭社会中的认知度愈发提高。

关键词：中文　汉语教学　文化交流

中文，是与 21 世纪海上丝绸之路自然延伸的拉美地区实现"五通"的重要载体，在增进中拉文化交流、推动中拉关系往来等方面发挥着至关重要的作用，是"一带一路"的铺路砖。

2005 年，乌拉圭—中国文化交流中心（Centro de Integración Cultural Uruguay-China，简称 CICUCH）成立。该中心创办人文森特·罗维塔是一名退休的出版商，几十年来他一直负责将有关中国的西班牙语书籍和杂志引进乌拉圭。退休之际，他已经收集了大量跟中国相关的资料，与合伙人一同建立了乌拉圭—中国文化交流中心。中心拥有一个图书馆，向乌拉圭民众传播中国的古代与现代文化，同时还举办展览、讲座等，并在中国传统节日来临时举办各类文化活动。中心的汉语教学活动始于 2007 年，经过十余年的发展，已由最初的 5 位学员增

---

* 张笑寒，北京交通大学语言与传播学院教师。
[1] "乌拉圭举行第 11 届'汉语桥'世界中学生中文比赛"，https://www.sohu.com/，2018/08/01。

至数百名学生。同时,该中心还为乌拉圭教育和文化部、卡内洛内斯省和佛罗里达省政府的公务员提供语言培训服务。与此同时也为蒙得维的亚最贫困的卡萨瓦勒社区的公立学校提供中文课程,而学习中文可以使这些贫困地区的儿童在被暴力和边缘化所困扰的社区中"区别于其他人"[①]。

2011年,第六届乌拉圭圣何塞图书文化节开幕。这届图书文化节历时一周,参展的有来自乌拉圭全国各地的文化单位、出版机构、高等院校、驻乌使领馆、国际组织办事处等。图书文化节期间,各个参展机构纷纷展出各自的图书出版物、特色文化用品,并举办各式文化宣讲、新书发布、文艺演出、才艺培训等活动近百场。其中备受关注的中国展台,除了介绍中国传统文化的书籍杂志和展示现代中国的影视光盘,"汉语公开课"和"中国茶文化展示"也是全场的亮点。上课的学生有当地的华人华侨子弟,也有圣何塞当地学校的学生,中国教师用西班牙语向民众讲述中国语言的由来、中国汉字的构成以及汉语表达中涵盖的中国文化元素等。这些活动得到了中国驻乌拉圭使馆文化处、乌中文化中心和旅乌华人协会的大力支持与推动。不难看出,无论是中国政府还是乌拉圭政府,都积极地促成两国文化更深层次的交流与交往。

为加强与推动中乌文化交流,扩大中国文化在乌拉圭的社会影响力,2016年5月,中国驻乌拉圭大使馆在乌开启了乌拉圭中国文化沙龙系列活动。沙龙活动中中国当代文学作品欣赏交流会于同年11月23日在乌拉圭天主教大学成功举办,近百人应邀出席了交流会。交流会上,中国驻乌拉圭大使馆政务参赞张文伟做了《浅谈中国当代文学》的讲座,乌拉圭作家兼记者路易斯向来宾谈了阅读中国诗歌的体会和感受,乌拉圭文化学者戴宇飞做了《中国文化与文学关系》的讲座,乌拉圭的大学生代表也交流了通过阅读中国当代小说而对中国文化的理解和感想。活动还向来宾展示了20余部西班牙文版中国当代小说和诗歌集,并向来宾赠送了部分图书,其中包括《解密》《温故1942》《手机》《师傅越来越幽默》《陕西作家短篇小说选》《锦绣谷之恋》《青衣》《人生黑洞》《我不是潘金莲》《蔡天新诗选》等。

随着中国经济的快速发展和国际交流需要的提升,各个国家对学习汉语的

[①] "Especial:Centro de Integración Cultural Uruguay-China es el Promotor de la Cultura China en Uruguay",2018/10/17,http://spanish.xinhuanet.com/2018-10/17/c_137538674.htm.

需求越来越大。自 2004 年以来,国家汉办已在 140 个国家建立了 500 多个传播中心和 1 000 多个孔子课堂。它们不仅是世界人民学习中国语言和文化的空间,也是促进相互交流和友谊的平台①。2016 年,恰值"中拉文化交流年",中国与乌拉圭、墨西哥、阿根廷、巴西、古巴、智利、哥斯达黎加、哥伦比亚、秘鲁、厄瓜多尔等众多拉美国家,共同举办了大规模的文化交流活动。同年,中乌建立战略伙伴关系,意味着两国在多个领域都具有深刻的战略合作空间,两国的共同目标是实现真正的交流合作,这种交流合作不仅限于经济,还包括语言和文化等知识的交流。同年,时任乌拉圭总统塔巴雷·巴斯克斯宣布通过 Ceibal 计划,启动中文学习计划在乌拉圭全国范围的推广。

虽然汉语学习与教学活动在乌拉圭有着多年的历史,然而截至 2016 年,乌拉圭还没有官方的中文考试机构。曾有担任 ORT 大学语言中心协调员的教师说过:学习中文相对"简单",它既没有阴性和阳性之分,也没有动词变位,中文有 500 个基础字符,如果学员能掌握约 2 500 个汉字,即可成为一个合格的学习者,而学习中文的难点在于,"在乌拉圭找到既懂中文又能担任官方中文教师的人选"②。2016 年 6 月,乌拉圭共和国大学与中国青岛大学签订了一系列协议,协议中指出,从 2017 年开始,在乌拉圭共和国大学人文学院开设孔子学院。次年 11 月 29 日,该孔子学院在蒙得维的亚正式揭牌成立,这是乌拉圭首家孔子学院。

在乌拉圭共和国大学孔子学院建设初期,数名专业汉语教师从中国外派到乌拉圭从事教学工作,他们随行携带了由中国捐赠的约 3 000 本教学书籍和材料,还有由中方为该孔子学院初期运转所提供的 15 万元美元的启动资金。此外根据双方约定,每年中方将提供固定的资金并派遣汉语教师赴乌拉圭支持孔子学院的建设工作,乌方则积极配合,进行学院建筑的改善和修葺,并为教师提供住宿、保险等服务③。该孔子学院的语言课程面向公众开放,并通过外语中心协调,在乌拉圭共和国大学的人文教育科学学院向该校的学生开放。孔子学院还

---

① Ariel Fernández, "Se Inauguró el Instituto Confucio en Uruguay", https://970universal.com/2017/11/29/se-inauguro-instituto-confucio-uruguay/.
② "El Futuro del país Escrito en Chino", https://www.elpais.com.uy/que-pasa/futuro-pais-escrito-chino, 2016/10/22.
③ "Instituto Confucio Funcionará en Uruguay Desde 2017", http://spanish.china.org.cn/txt/2016-06/23/content_38728762.htm.

根据乌拉圭政府各机构公务员的具体需要,为他们提供专门设计的课程。通过举办丰富多彩的中国传统文化活动来传播中国文化也是孔子学院的一个核心内容,自孔子学院创建以来,组织了各类展览、竞赛、系列讲座、研讨会和其他各类活动,旨在增加民众对于中国文化的了解,启发民众对于学习中文的兴趣。

在乌拉圭孔子学院的揭牌典礼上,乌拉圭共和国大学校长马尔卡里安博士表示,"在过去10年里,中国语言和文化的教学仅限于一些私人课程和个人学习。现在,我们正试图赋予汉语教学一个更有活力的机构特征"[1]。马尔卡里安博士认为,语言是推动双边关系深入发展的基础,孔子学院将通过汉语教学和文化活动拉近两国人民的距离。

2018年,乌拉圭共和国大学孔子学院顺利地开展了在本学院内进行的汉语教学活动,同时由本部汉语教师参与了拉特哈第四十七中学与米纳斯拉瓦列哈第三中学的汉语教学试点计划。这些课程受到了学生的热烈欢迎,仅在拉特哈第四十七中学,就有80名学生选修了此类汉语课程[2]。试点教学的顺利进行也推进了汉语的推广计划,2020年,乌拉圭政府宣布,将汉语学习推广至多所中小学校。

2019年7月25日,乌拉圭总统府国际合作署执行署长安德烈娅·维戈诺罗女士访问北京交通大学,并参观乌拉圭研究中心。安德烈娅·维戈诺罗表示,希望该校与乌拉圭科技大学在达成全面合作伙伴关系的基础上,协同开设第二所中乌孔子学院,加快推动乌拉圭的汉语教学及传播[3]。

2021年7月24日,第二十届"汉语桥"世界大学生中文比赛、第十四届"汉语桥"世界中学生中文比赛和首届"汉语桥"小学生中文秀乌拉圭赛区决赛在乌拉圭成功举办。受新冠肺炎疫情影响,本届比赛形式为在线举办,由中国驻乌拉圭大使馆主办、乌拉圭共和国大学孔子学院承办。选手们展现了精湛的汉语水平及对武术、茶道等中国传统文化的深刻理解。

---

[1] Ariel Fernández, "Se Inauguró el Instituto Confucio en Uruguay", https://970universal.com/2017/11/29/se-inauguro-instituto-confucio-uruguay/.

[2] "Enseñarán Chino Mandarín en dos Liceos Como Experiencia Piloto", https://www.subrayado.com.uy/ensenaran-chino-mandarin-dos-liceos-como-experiencia-piloto-n514811.

[3] 丁楠:《乌拉圭总统府国际合作署执行署长一行来访我校》,http://news.bjtu.edu.cn/info/1044/30114.htm.

  在2016"中拉文化交流年"的闭幕式活动上,习近平主席指出"文化关系是中拉整体外交的重要一翼"①。友好和谐的文化关系是中乌两国外交关系中的重要一环,无论是孔子学院的建立发展还是汉语文化活动的推广,都积极推动了两国的文化交流。中乌两国在不断推动友好文化交往交流与合作的基础上,应充分借鉴彼此的文化成果,为世界多元文化版图增添更加绚烂的色彩。

---

① 霍小光:《习近平和彭丽媛出席中拉文化交流年闭幕式》,http://news.sohu.com/20161122/n473829115.shtml。

1949—1972 年的中乌关系*

Georgina Pagola & Liber Di Paulo**

摘要：一般来说,分析乌拉圭和中国关系的文献都聚焦于 1988 年建立外交关系之后的时期。然而,20 世纪五六十年代,在世界两大阵营冷战的复杂国际背景下,乌拉圭和中华人民共和国之间的关系已经在摸索中缓慢前行。尽管乌拉圭与中国在该时期尚未建交,但两国之间的交流往来在政府、企业和知识分子的推动下持续到了 20 世纪 70 年代初。

关键词：乌拉圭—中国关系　人民外交

　　1949 年 10 月 1 日,毛泽东领导下的中国共产党宣布了新民主主义革命的胜利及中华人民共和国的成立,这一进程对彼时的地缘政治产生了重大影响。新中国政府开始了深刻的结构性改革工作,初期的重点是农业转型,旨在提高生产力,促进发展,建设社会主义①。在冷战的大背景下,又一个国家加入社会主义阵营,在国际上引起了强烈的反响。1949 年前后,乌拉圭的多家媒体都曾提到了中国境内发生的变化,报道了中国共产党军队力量压制并超越了蒋介石领导的国民党军队,中国的局势被看作是争取独立和解放的另一场战斗,就像在前殖民时期一样②;与此同时,人们在冷战背景下从东西方冲突的角度对其进行了分析,彼时在一个两极分化的世界里,以美国为首的西方国家,通过施压以强迫

---

* 本论文特别感谢乌拉圭驻华大使费尔南多·卢格里斯、乌拉圭驻华领事莱昂纳多·奥利维拉、乌拉圭驻华大使馆、乌拉圭外交部外交历史档案馆、乌拉圭国家图书馆、乌拉圭—中国文化学院、上海纪事办公室、巴勃罗·罗维塔先生及上海大学。

** Georgina Pagola,曾执教于乌拉圭阿蒂加斯师范学院,目前在上海大学攻读世界史博士学位;Liber Di Paulo,曾执教于乌拉圭阿蒂加斯师范学院,毕业于乌拉圭共和国大学社会科学学院经济史专业,目前在上海大学攻读世界史博士学位。两位青年近些年活跃于中乌外交、教育领域。

① Spence, Jonathan D., *The Search for Modern China*, New York: W. W. Norton & Company, Inc., 1990.

② "Moscú se Dispone a Pasarle la Cuenta a Tokio", *Marcha* (Montevideo), 20 de Abril de 1945.

他国断绝与共产主义国家之间的商业或政治交流①。

1950年,乌拉圭进行了新的宪法改革,1952年宪法生效,该宪法的主要修改之一是建立了行政权力合议制,即所谓的国家政府委员会。它由民众投票选出的9名成员组成——6名成员为得票最多的成员,3名成员为投票数紧随其后的成员,主席职位在四年任期内由得票最多的人轮流担任。这样,从1952年起,乌拉圭便建立了一个以红党为多数的合议机构,该机构在1959年国家党获胜前持续占据着主导地位②。

尽管在新中国成立几十年后,乌拉圭才同中国建立正式外交关系,但乌拉圭的一些政治信号和政府动作则成为未来两国关系的基础,并表现出了一定程度同中国保持密切联系的兴趣。这也反映出一个事实,即在与中国的关系层面,委员会成员所采取的立场并未达成一致。路易斯·巴特列·贝雷斯(Luis Batlle Berres)就是这种情况,他是20世纪40年代末至50年代间新巴特利主义的杰出代表,1947—1951年间担任乌拉圭总统,1955—1956年间担任国家政府委员会主席,并担任该委员会成员直至1959年。他的政治行动集中于一个时期内——其中包括托马斯·贝雷塔(Tomás Berreta)及安德烈斯·马丁内斯·特鲁巴(Andrés Martínez Trueba)的执政时期以及1959年前国家政府委员会的历任政治领导人——史学也将这一时期称为新巴特利主义,许多巴特利主义的基础被重新采用以适应乌拉圭的新现状。在这一时期,新巴特利主义的政治领导人意图以工业发展和促进政治民主为前提,以实现经济和社会进步③。

一、20世纪50年代中期乌拉圭与中国建立贸易关系的努力

巴特列·贝雷斯对新中国的态度具体体现为:1955年12月9日在纽约举行的第十届联合国大会的新闻发布会上,当被问及中华人民共和国加入联合国的问题时,他说:"作为一个执政者,我无法回答这个问题,但作为一个记

---

① "La Rivalidad entre Oriente y Occidente Durante el año 1949", *Marcha* (Montevideo), 30 de Diciembre de 1949.
② Ver D'Elía, Germán. *El Uruguay Neo-batllista, 1946—1958*, Montevideo: Ediciones de la Banda Oriental, 1982; Nahum, Benjamín, y otros, *Crisis Política y Recuperación Económica: 1930—1958*, Montevideo: Ediciones de la Banda Oriental, 1988.
③ Nahum, Benjamín, y Otros, *Crisis Política y Recuperación Económica: 1930—1958*, Montevideo: Ediciones de la Banda Oriental, 1988.

者，我可以说我是中国共产党的支持者，我不支持更不信任蒋介石。"①此举表明了乌拉圭政府承认中华人民共和国的愿望，因为它代表了政府最高领导层的意愿。

这一消息甚至在中国媒体上也引起了轰动，媒体强调了巴特列·贝雷斯的立场，并补充说，总统倾向于赞成中华人民共和国加入联合国安理会②。而巴特列·贝雷斯认为乌拉圭应当同外部世界进行交际往来。我们还可以追溯到乌拉圭在蒙得维的亚设立李玉英博士的中国国际图书馆的历史，当时瑞士宣布承认中华人民共和国，一批资料在贝雷斯总统的支持下，出于文物保护的目的从瑞士转移至乌拉圭③。巴特列·贝雷斯采取了一种更加自由的姿态，这赋予了贝雷斯的立场以价值。他寻求支持中华人民共和国加入联合国，并在政治和国际贸易的运作上以现实和非教条主义的立场来定位自己。

与此相关，巴特列·贝雷斯在1955年联合国大会上采取的态度隐含了中华人民共和国应该像其他国家一样加入该组织的想法，他说："联合国的行动力将因更多国家的加入而得到加强，这些国家长久以来就有充分的理由和强烈的愿望加入我们的行列（……）。自本组织成立以来，我们就坚信联合国的工作需要地球上所有人民的合作……"④他的发言入情入理，巴特列·贝雷斯对媒体说的话确实引发了民众热议⑤。

因此，鉴于巴特列·贝雷斯将于1955年12月出席联合国会议，在此之前的几个月里，他有时间思考这一事关重大的问题，沉淀他对中国局势的看法。他的论点具有与这个亚洲国家和解的战略意义。他说，为了维持正义和促进社会进步、经济繁荣，所有希望加入联合国的国家都应该能够加入。同时，他以乌拉圭

---

① En el Semanario Marcha se Alude a la Transcripción que Hace de Dicha Entrevista el Diario El País, el 10 de Diciembre de 1955, Extraído de "El Peligro Amarillo", *Marcha*（Montevideo），16 de Diciembre de 1955. p.8.
② 《乌拉圭总统赞成恢复我国在联合国的席位，法国国民议会外委会主席麦耶主张我国进入联合国》，《人民日报》1955年12月11日。
③ Alzugarat, Alfredo, *De la Dinastía Qing a Luis Batlle Berres: La Biblioteca China en Uruguay*, Montevideo: Biblioteca Nacional Uruguay, 2019.
④ "Batlle Berres llevó a la Asamblea General de la UN la Realidad de Nuestra vida Democrática", *El Bien Público*（Montevideo），10 de Diciembre de 1955. p.1.
⑤ Agencia France—Presse, "Optimismo en Vísperas de la Asamblea General de la O. N. U.", *Marcha*（Montevideo），16 de Setiembre de 1955.

为例，指出乌拉圭是一个提倡自由、重视民主的国家[1]，并强调他的话反映了乌拉圭人民的感受，没有世界各国的广泛参与，联合国的理想就无法实现。

需要强调的另一个重要方面是乌拉圭正面临着国际形势新挑战，经济繁荣期即将结束。朝鲜战争结束后，国际贸易环境不断恶化，世界范围内商品供不应求的局面导致出口初级产品价格持续下降，进口产品的价格则不断攀升[2]。在此背景下，巴特列·贝雷斯主张应当不加区别地同世界各国进行贸易。同时，他指出，乌拉圭并不是唯一一个尝试与中国进行贸易往来的国家，世界大型银行在香港的存在便足以证明。这一提法确定了巴特列·贝雷斯的立场，即乌拉圭有权像其他国家一样同中国进行贸易。其背后的动机在于，美国采取了对外国商品征收关税的政策，因此乌拉圭面临减少同美方贸易的不确定性，也面对如何解决生产盈余的挑战。总统明确提出的一个例子便是小麦，他提到乌方有意向中国出售40多万吨小麦[3]。

那些想与中国进行贸易以出售乌拉圭产品的人，他们的想法很可能是先间接地同香港进行贸易。因此，1954年10月27日，国民政府委员会任命毛里西奥·奈伯格·哈伯曼（Mauricio Nayberg Habermann）为乌拉圭东方共和国驻香港名誉领事，但彼时的香港仍在英国控制之下[4]。奈伯格1927年7月28日出生在法国，入籍乌拉圭[5]，从小他就关心国际时事，并深入参与商业活动。他曾到访许多欧洲国家，也曾在法国里尔担任4年名誉领事，还曾去往美国，战后又到达远东[6]。当他搬往香港时，是一个27岁充满干劲的年轻人。1955年10月21日，在他到达香港后的第二年，由巴特列·贝雷斯主持的国家政府委员会决定任命

---

[1] "Batlle Berres llevó a la Asamblea General de la UN la Realidad de Nuestra vida Democrática", *El Bien Público* (Montevideo), 10 de Diciembre de 1955.

[2] Bértola, Luis, *La Industria Manufacturera Uruguaya, 1913—1961: Un Enfoque Sectorial de su Crecimiento, Fluctuaciones y Crisis*. Montevideo: CIEDUR, 1991.

[3] Henry Raymont, "Luis Batlle Berres Exhortó a EE.UU. A Abolir el Arancel Impuesto a las Lanas del Uruguay", *El Bien Público* (Montevideo), 11 de Diciembre de 1955.

[4] Resolución del Consejo Nacional de Gobierno, Archivo Histórico-Diplomático, Ministerio de Relaciones Exteriores del Uruguay, 27 de Octubre de 1954.

[5] Según Registros Encontrados en una Carta de Inmigración de la República de los Estados Unidos de Brasil, Expedida el 17 de Abril de 1950.

[6] "Cónsul Uruguayo Cruza la Cortina de Bambú: Va a Pekín", *La Mañana* (Montevideo), 7 de Diciembre de 1955.

他为乌拉圭驻北京商务代表,但并没有外交官身份。当时乌拉圭出于对国际政治局势的考虑而做出了这个决定,目的是寻找进行贸易的新市场,并填补自1949年以来乌拉圭驻中国官员的职位空缺①。乌方愿意同中方交往并为此采取了一些策略,也许是模仿一些西方大国的做法,乌方向中国派遣了奈伯格以实现商业交流。

根据乌拉圭的政策及官方授权,在接受北京邀请后,奈伯格便出发前往中国。这是乌拉圭官方人员第一次正式访问中国。奈伯格一到北京便立即向乌拉圭外交部发送了一份关于两国正式建交可能性的信函。这是他与中国有关部门谈话的结果,中国有关部门重申了对建立外交关系的兴趣;与此同时,奈伯格建议两国互派专家及商务代表团以加快两国交流。因此,这位外交官呼吁官方发表声明,在他和政府间直接交流的基础上正式建立关系,倘若没有得到回应,他将返回香港②。因此,乌拉圭必须根据形势迅速采取行动。

根据乌拉圭政府的指示,奈伯格继续同中方进行谈判,并与中国政府总理兼外交部长周恩来会面,他们讨论了经济问题并以期签署初步协议③。这次会晤似乎拉近了双方之间的关系,从12月7日起奈伯格便一直在北京,在此期间,他与外交部副部长张汉夫、中国人民银行行长陈明、粮食和石油进出口公司的代表以及中国肉食产品公司举行了会谈,还参观了学校和工厂④。此举反映了奈伯格对了解中国组织机构充满了兴趣,因为这不仅可以使他接近政府高层,更能使他亲近中国民众,为他全面充分地了解中国提供条件。

据乌拉圭特使称,周恩来总理表示了对两国贸易往来的兴趣,并正式向乌拉圭发出了专家代表团访华邀请⑤。1955年12月17日,奈伯格和中国对外贸易部部长助理卢煦昌签署了联合声明,声明包括三点:(1)希望在平等互利的原则下建立两国之间的贸易关系,以期签署贸易协定;(2)中国政府表示了邀请乌拉

---

① Resolución del Consejo Nacional de Gobierno, Archivo Histórico-Diplomático, Ministerio de Relaciones Exteriores del Uruguay, Montevideo, 21 de Octubre de 1955.

② Telegrama de Mauricio Nayberg a Ministro de Relaciones Exteriores Santiago I, Rompani, Archivo Histórico-Diplomático, Ministerio de Relaciones Exteriores del Uruguay, 10 de Diciembre de 1955.

③⑤ Telegrama Confidencial de Mauricio Nayberg a Diplomacia Montevideo, Recibido por Director General Luis Guillot, Archivo Histórico-Diplomático, Ministerio de Relaciones Exteriores del Uruguay, 17 de Diciembre de 1955.

④ 《周恩来总理接见乌拉圭驻香港领事内伯格卢绪章同内伯格就中乌贸易关系问题签署一项联合声明》,《人民日报》1955年12月18日。

圭政府贸易代表团到访的愿望,以及希望派遣自己的代表团到蒙得维的亚,以便后续确定双方之间的协议;(3)尽管两国未正式建交,但他们一致认可加强贸易关系,在两国的首都分别设立官方贸易代表办事处①。

奈伯格在另一封信中解释了此举之因,他说他受国家政府委员会主席巴特列·贝雷斯委任,寻求建立同中国的贸易往来关系。鉴于此前乌拉圭同瑞士和塞尔维亚的贸易谈判双双流产,此事已变得至关重要②。由此,本文认为,此前乌拉圭与他国之间的贸易谈判均没有此次同中方之间的深入,并且在奈伯格到达中国之前,乌方就已经委托其驻外使团同中方进行初步接触。双方的努力,也换来了条款明晰、观点具体的书面声明,打开了两国之间贸易往来的门户。奈伯格还强调了与中国建立贸易合作关系的巨大优势,因为在他看来,中国不久之后便会得到联合国的承认,也有成为世界经济大国的潜在可能。就对全球性问题的政治考量方面,乌拉圭一直站在正确的队列中,认为世界不能否认中国的存在,其他国家与中国之间的贸易壁垒也将在不久之后不复存在,奈伯格也指出当时丹麦、瑞典和法国均已向中国派遣贸易代表团③。

1956年1月,奈伯格表示,法国在没有与中国建立外交关系的情况下向北京派遣了一位著名的远东经济专家,他是法国大使馆总参赞;阿根廷也已经向香港派遣了一名陆军少校和一名外交官以期讨论与中国建交的可能性④。因此可以说,奈伯格的外交动作是巴特列·贝雷斯总统1955年在联合国大会上的政治言论和他在新闻界声明的延续。

奈伯格认为,此时的机遇对乌拉圭来说意义重大且千载难逢,倘若错过将会

---

① Declaración Conjunta Sobre el Desarrollo de Relaciones Comerciales entre la República Oriental del Uruguay y la República Popular China (Traducción al Español), Beijing, Firmada por Mauricio Nayberg, Cónsul del Uruguay en Hong Kong y Enviado Comercial en China, y Lu Hsu Chang, Asistente de Ministro del Comercio Exterior de la República Popular China, Archivo Histórico-Diplomático, Ministerio de Relaciones Exteriores del Uruguay, 17 de Diciembre de 1955.

②③ Nota Confidencial de Mauricio Nayberg al Ministro de Relaciones Exteriores Dr. Santiago I. Rompani, Archivo Histórico-Diplomático, Ministerio de Relaciones Exteriores del Uruguay, 19 de Diciembre de 1955.

④ Nota de Mauricio Nayberg al Ministro de Relaciones Exteriores Dr. Santiago I. Rompani, Archivo Histórico-Diplomático, Ministerio de Relaciones Exteriores del Uruguay, 19 de Enero de 1956.

导致数百万美元的经济损失①。乌拉圭在世界市场上将自己定位为原材料生产国,像中国这样人口基数庞大且不断增长的工业国家,对原材料的需求量很大,尤其是在接下来的一年里,中国工业生产将比往年提振 25%,资本投资也将增长 60%,并且中国计划在这条道路持续走下去②。

奈伯格还强调,他完成了职责使命,他的外交动作纯粹是经济性而非政治性的,这不仅仅出于个人意愿,更是乌拉圭高层的意愿。因此他坚持认为如果行动受阻,乌拉圭政府应当以更加明确的方式与其对接③。他的立场与任务使命相一致:不提出教条主义或意识形态问题,仅为商业利益采取行动。

关于具体的细节,他在报告中说会议讨论了乌拉圭各类产品,并打算签署一项价值 11.4 万英镑的贸易协定,但该协定尚未得到批准。他指出,中国是羊毛上衣的潜在买家,这将在改善国家生产和工人福利方面产生积极影响。与此同时,他也举了英国的例子,说明英国是如何向中国出售价值 100 万英镑的毛织品上衣④。乌拉圭错过了一个对国家生产战略极其重要的商业机会,不仅如此,这个机会还被英国等用乌拉圭羊毛进行贸易的国家抢占。

在乌拉圭,当谈到与中国的联系时,类似的问题被反复提出。据报道,英格兰将在乌拉圭等地区获得的羊毛加工为水洗羊毛、上衣、织物等再出口,这使得中国成为英格兰在该领域的第二大消费市场。1959 年,乌拉圭史学教授及社会党领导人维维安·特里亚斯(Vivian Trías)提出了一个与此相关的说明性论点,他说:"我们被告知,出于政治原因不应该与美国或中国进行贸易。但如果我们茫然服从,'民主'就会面临危险。因为它并不妨碍英国在俄罗斯出售我们的羊毛和肉类,也不妨碍美国通过埃及购买巴尔干半岛的烟草。"⑤

奈伯格认为,一个不容忽视的事实是中国坚决捍卫和平且迅速开始了工业化进程(建造了汽车厂等大型工厂)。因此他预测,15 年后中国将实现中等工业

---

① ③ ④ Nota Confidencial de Mauricio Nayberg al Ministro de Relaciones Exteriores Dr. Santiago I. Rompani, Archivo Histórico-Diplomático, Ministerio de Relaciones Exteriores del Uruguay, 19 de Diciembre de 1955.

② Hsu, Immanuel C. Y., *The Rise of Modern China*, New York: Oxford University Press Inc., 2000.

⑤ Vivian Trías, "Reforma Agraria, Industrialización y Revolución Nacional en el Uruguay", *Tribuna Universitaria* (Montevideo), Setiembre de 1959. p.68.

化,40年后将与其他老牌工业化国家持平甚至赶超①。因此,倘若我们回顾中国近几十年的发展,他所预言的大部分内容都得到了印证。奈伯格促成的协议具有重大意义,这是乌拉圭外交官员在中国首都与政府高级官员的第一次接触,并且通过这次接触,两国之间达成了具体的协议承诺。

乌方外交部在对奈伯格的答复中指出,虽然他的想法饶有兴趣,但所签署的文件代表的是政府间的协议,而此项行动他本人并未被官方授权。因此,要求他避免在没有事先征得上级同意的情况下签订此类协议,官方考虑这样做会有利于未来的两国关系,尽管对彼时关系来说并非如此②。也许最实质性的分歧不在于是否与中国进行贸易,而是达成这种贸易的形式和条件。如果乌方拒绝签署政府间的贸易协定,那派驻香港贸易特使到中国以期打开中国市场便变得毫无道理可言。因此,虽然存在一些人倾向于抓住眼前的机会,直接签署贸易协定,但还有一些人在面对国际舆论时则更倾向于降低风险,借助香港间接地签署协定,这样便只涉及部分公司。

往后,奈伯格的问题变成了政治议题并被提上议会。1955年12月,公民联盟政党参议员胡安·维森特·基亚里诺(Juan Vicente Chiarino)要求外交部提供一份关于该名誉领事所进行的商业和外交活动的报告,就对他的任命、管理及他是否适合在香港和中国担任职务做出了批评。批评大致在于两个方面:一是关于他的外交和领事服务,二是出自贸易协定的影响。一些媒体表示,奈伯格在中国的外交动作是必要的,一方面可以找到投放乌拉圭生产盈余的市场,另一方面反对两国建交的政治论点已经过时了。"乌拉圭和中国之间不存在关系往来,无非是我们坚持不建交战略的结果,如果说以前的决策是笨拙的,现在这样做则是落后陈腐的。在朝鲜战争之后尤胜,而在万隆会议之后更是如此。"③据此,阻碍两国建交的并非乌拉圭的内部利益问题,而是服从于与美国统一战线的国际态度的结果,而这并不是所有西方国家或资本主义国家都遵守的。其中一个例

---

① Nota de Mauricio Nayberg al Ministro de Relaciones Exteriores Dr. Santiago I. Rompani, Archivo Histórico-Diplomático, Ministerio de Relaciones Exteriores del Uruguay, 19 de Enero de 1956.
② Correspondencia del Director General Luis Guillot a Mauricio Nayberg, Archivo Histórico-Diplomático, Ministerio de Relaciones Exteriores del Uruguay, 4 de Enero de 1956.
③ "Política Comercial y Estrategia", *Marcha* (Montevideo), 30 de Diciembre de 1955. p.4.

证便是英国与蒋介石断交,承认北京,甚至放宽了对可能出售给中国的产品政策,从而节省了数百万美元。批评还映射到了乌拉圭与苏联的部分商业交流,因此我们再次看到,在政府内部,对如何进行与中国的商业交流这一议题存在不同看法。

不久之后,曼努埃尔·法里尼亚(Manuel Fariña)被任命为驻中国的商务代理,并于 1956 年 1 月 5 日被派往中国①,同年 5 月 13 日离开北京②,结束其职责。这表明,当奈伯格在北京为自己的外交动作发函辩解时,有人正在乌拉圭被委任,以取代他在中国商务代理的角色。这不仅没有缓解紧张局势,反而引发了新一轮关于是否与中国建立贸易关系的辩论,并加强了与中国进行贸易的想法。根据法里尼亚向乌拉圭高层汇报的行动和报告,外交部、共和国银行和海关部门正在就一项价值约 6 500 万美元的协议展开分析讨论,其中包括羊毛和水洗毛(2 500 万美元)、上衣(1 100 万美元)、羊毛织物(1 200 万美元)、干燥、盐渍和鞣制的皮革(1 500 万美元),以及油菜籽(200 万美元)③。

尽管基于法里尼亚的谈判,乌拉圭有了这个机遇,但却并没有同中方迅速达成协议,这种优柔寡断的行事作风受到了乌拉圭国民党全国政府委员会成员的诘问,其中就有丹尼尔·费尔南德斯·克雷斯波和拉蒙·维尼亚。他们质疑从外交部到共和国银行中普遍存在的官僚主义,这使得此项贸易协定数月仍然难以确定④,乌拉圭的官僚主义问题又成了协议落成路上的绊脚石。

知识分子到访中国是对商业代理人的补充,本文后续将进一步讨论这个问题。作家杰西奥多·索萨(Jesualdo Sosa)曾受作家联盟邀请访问中国,并同外交学院领导会面,这次会面使得中国重新关注乌拉圭的产品,特别是羊毛、肉类和小麦⑤。这也证实了不仅是政府高层或媒体就贸易问题展开了激烈讨论,公众也已经参与其中。中国政府通过各种渠道表达了同乌方进行贸易交往的愿望,如北京歌剧院的艺术总监晁峰,他在参访乌拉圭时表达了自己对乌方的赞赏,并强调乌拉圭是南美洲第一个向中国派遣商务代理的国家。同样,在乌拉圭全社会,如工人群体和工业部门,也对两国贸易交流所能带来的结果表现出了极

---

①④ "Comercio con China", *Marcha* (Montevideo), 28 de Setiembre de 1956.
② Xinhua News Agency, Beijing, 13 de Mayo de 1956.
③⑤ "Comercio con China", *Marcha* (Montevideo), 3 de Febrero de 1956.

大的兴趣①。

曼努埃尔·法里尼亚就推进搭建两国贸易关系所做的努力在1956年5月10日与中国人民银行行长曹竹菊的会面中产生了深远意义,两国借此机会对未来双方进行贸易交流而可能产生的费用进行了规划,并与乌拉圭共和国银行进行对接②。此外,中国人民银行将鼓励中国公司同乌方进行常规贸易③。最后,在1956年11月,一家乌拉圭羊毛公司的代表访问了中国,他不仅到访了北京,还到访了上海和广州。之后,中国动物制成品公司与他签订了一份金额超过360万美元的合同,承诺在4个月内从乌拉圭进口羊毛④。然而,双方创造的机会似乎并未实现,最终乌拉圭未能与中国搭建正常的贸易机制,以至于几个月后,一些媒体报道称,"虽然历经曲折坎坷,乌拉圭和中国的贸易推进并未成功"⑤。然而,一些分析也称在20世纪50年代后半期,拉丁美洲国家和中国之间存在一些棉花、糖和羊毛的贸易,其中也包括了乌拉圭⑥。

如果商业代理人所推进的谈判进程和签订的相关协议对两国均大有裨益且未来发展可期,那么是什么原因使合作受挫呢?当时国际上冷战的大环境,乌拉圭国内的官僚主义及政见分歧,这些均有可能是其原因。应当注意,在中国1953—1957年所实施的第一个五年计划中⑦,就对同外国建立贸易合作关系表现出了极大兴趣,对于像乌拉圭这样的国家来说,不论是在进口初级产品方面,

---

① "Comercio con China", *Marcha* (Montevideo), 28 de Setiembre de 1956. A su vez, Figura en los Medios de la RPC un Representante del Consejo de Promoción de Comercio y el Director de la Federación de Obreros de la Industria de la Carne en Uruguay Quienes También Expresaban su apoyo a la Firma del Convenio, Reconociendo el gran Mercado que sería la PRC para Uruguay, en,《乌拉圭国务会议审议同中国的支付协定草案 各界公众都赞成签订协定和中国进行贸易》,《人民日报》1956年10月17日。
② "Comercio con China", *Marcha* (Montevideo), 28 de Setiembre de 1956.
③ Nota Confidencial de Mauricio Nayberg al Ministro de Relaciones Exteriores Dr. Santiago I. Rompani, Archivo Histórico-Diplomático, Ministerio de Relaciones Exteriores del Uruguay, 19 de Diciembre de 1955.
④ 《我国将从乌拉圭进口羊毛条》,《人民日报》1956年11月23日。
⑤ "35 Grados Latitud Sur: El Comercio con China", *Marcha* (Montevideo), 14 de Junio de 1957. p.11.
⑥ Connelly, Marisela y Romer Cornejo Bustamante, *China-América Latina. Génesis y Desarrollo de sus Relaciones*, Ciudad de México: El Colegio de México, 1992.
⑦ Ver Anguiano, Eugenio, y otros, *China Contemporánea: La Construcción de un país (desde 1949)*, México D.F.: El Colegio de México, 2001.

还是推动新兴工业发展,抑或是推动中国 6 亿多居民的消费均十分有益。

二、"人民外交"政策和在中国的乌拉圭旅者

在尝试加强中乌商业关系的同时,1949 年中国政府采取了"人民外交"战略①,形势也发生了一些变化。这一战略政策旨在加强中国与亚非拉地区的文化联系,通过研讨会和会议进行交流,促进知识界成员和政府官员的互派互访。1954 年成立"中国人民对外文化交流协会"(后改名为"中国人民对外友好协会")与 1960 年创建"中国—拉美友好协会"的目的都是为了促进双边友好关系②。"中国世界和平全国委员会"也成立了,它负责支持世界各地追求和平的民间团体和机构,"通过和平主义的话语,把不同意识形态的知识分子和文化领域的知名人士争取到社会主义事业中来"③。

根据毛泽东的手稿,他在 1958 年曾表示,中国欢迎愿意与中国建立关系的国家,无论是外交、商业、商务还是接触关系④。这吸引了拉美国家知识界和政界的许多代表访问中国。乌拉圭也是其中之一。据估计,1959—1961 年间,乌拉圭向中国派遣了 44 人⑤。

1959 年 10 月 19 日,在新中国成立 10 周年之际,乌拉圭议会代表团到访了北京。该代表团由众议院议长弗朗西斯科·罗德里格斯·卡穆索(Francisco Rodríguez Camusso)率领,由泽尔马·米切利尼(Zelmar Michelini)、恩里克·马丁内斯·莫雷诺(Enrique Martínez Moreno)、胡安·罗德里格斯·科雷亚(Juan Rodríguez Correa)、安赫尔·玛丽亚·贾诺拉(Ángel María Gianola)和弗

---

① Rupar, Brenda, *Relatos de viaje a la China Socialista. Una Relectura de Testimonios de Viajeros argentinos en los años 50*, Revista Interdisciplinaria de Estudios Sociales (2020):165—181.
② Jiang, Shixue, *A New Look at the Chinese Relations*, Nueva Sociedad 203 (2006):1—18.
③ Gasquet, Axel, *El Orientalismo Argentino（1900—1940）*, Nosotros Al Grupo Sur(2008):1—22.
④ "Talk to Brazilian journalist", September 2, 1958; *Mao Zedong's Manuscripts since the Founding of the People's Republic of China*, Vol. 7 (1958. 1—1958. 12), Central Document Publishing House, 1992, p.372, en Teng, Wei, *Doubts and Puzzles*: *Young Galeano Writing about New China during the Sino-Soviet Split*, Transmodernity. Special Issue:"Latin America-China Voyages"(2020):138—160.
⑤ Ratliff, William E., *Chinese Communist Cultural Diplomacy toward Latin America*, *1949—1960*, The Hispanic American Historical Review (1969):53—79.

朗西斯科·玛丽亚·乌比略斯(Francisco María Ubillos)组成,应北京中国人民外交关系协会之邀访问中国。中方宴请欢迎了乌方,强调了他们的到来对促进两国友谊和相互了解、共同发展的重要性;罗德里格斯·卡穆索表示,中国的工农业发展意义重大,同时表达了建立中乌长期友好关系的愿望①。在此次访问期间,中国记者协会与乌拉圭记者协会签署了促进交流的协议②。11月9日,议会代表团还与周恩来总理举行了会谈③。1959年11月10日,代表团离京④。从这一事件我们可以推断,尽管两国尚未建交,但正式关系中最牢固的方面是通过议会的联系产生的。

《乌拉圭议员眼中的新中国》一书总结了这些政治家返回乌拉圭后所发生的事,书中记录了1960年5月23日由乌拉圭—中国文化研究所在乌拉圭共和国大学礼堂举行的会议。因属于不同的政党、拥有不同的信念,他们的观点十分多元,这也是这次出访和他们论述的最大意义。"我们是来自不同政党的战士,我们出身不同、经历不同,但我们认为,在我们踏上中国土地的那一刻,我们就因为同样的愿望和同样的意志而紧密团结在一起。我们带着明确的目标,让对方知道我们的民族是怎样的,也了解到中华民族是什么样的,以及中华民族会成为什么样……"⑤或许,中国当时的外交态度,恰恰是为向期望了解新中国的民众提供必要的路径,以期塑造自己的形象,为同各国人民的和睦相处做出贡献。乌拉圭代表则表示,他们的目标是在没有中间人的情况下亲自了解这个中国的现实生活,然后将这些信息带到乌拉圭,作为当时辩议的支撑。

议会代表团所描述的崭新的中国形象唤醒了议员们对其背后商机的极大好奇,正如当时来自巴特利斯塔派的政治家泽尔马尔·米歇利尼所说的那样,他将在1971年参与新政党广泛阵线的创立,并强调乌方需要迅速在不干涉的原则下,确定一项协议以作为承认中方的第一步⑥。与此同时,中国现代与传统的结

---

① 《张奚若举行宴会 欢迎乌拉圭议会代表团》,《人民日报》1959年10月21日。
② 吕相友:《我国和乌拉圭新闻工作者协会代表就交换记者等签订协议书》,《人民日报》1959年10月21日。
③ 《周总理会见乌拉圭议会代表团》,《人民日报》1959年11月10日。
④ 《乌拉圭议会代表团离京赴苏》,《人民日报》1959年11月11日。
⑤ Palabras de Zelmar Michelini en Martínez Moreno, Enrique, y otros, *La Nueva China vista por parlamentarios Uruguayos*, Montevideo: Instituto Cultural Uruguay-China, 1960. p.11.
⑥ Martínez Moreno, Enrique, y otros, *La Nueva China vista por Parlamentarios Uruguayos*. Montevideo: Instituto Cultural Uruguay-China, 1960.

合也是最吸引这些政治家的方面之一,特别是在重工业和轻工业的进步,以及加强某些有利于工厂工人的政策方面。

这些新的认知源于他们对不同类型的工业、农村、住宅、家庭、文化和艺术机构的访问,这次出访的路线也不是完全被事先限定的,议员可以选择他们的行程。这使他们能够从多个角度对中国正在发生的事情进行分析,如教育、工业、文化、公社组织及个人等。从这个意义上说,他们强调了人性的概念,因为中国并不排斥世界其他地方的价值观,例如对和平、进步和幸福的渴望。当弗朗西斯科·马里奥·乌比略斯(Francisco Mario Ubillos)——一位属于国家党的政治家——提到一群下班的工人时,他描述道:"他们很开心,有歌有笑。他们唱着对工作、对和平和对生活的赞歌……男男女女带着喜悦前进,这让我确信,中国人正在朝着未来的方向前进。她不再回顾过去,她展望未来,并追寻着自己的幸福和人民的幸福……"①。

另一方面,他们强调创建人民公社是为了解决如此众多人口的食物问题,强调组织及任务分配的沟通形式、自然资源的使用和以此为基础的生产发展。文化发展体现在承认和包容少数群体、扩大教育范围、促进技术进步、文化培训和艺术创新,这些将中国逐步转变为适应世界现代性标准的大国②。尽管彼时乌拉圭和中国还未建交,但这些讨论构成了两国建立关系过程中的众多的推动力之一。

在访问过中国的众多知识分子中,作家兼记者萨兰迪·卡布雷拉(Sarandy Cabrera)从 1957 年开始便多次抵达中国,这些年来成为乌拉圭—中国文化研究所的主要人物之一。这样的举证还有 1958 年访华的教师和政治活动家杰西奥多·索萨(Jesualdo Sosa)、1962 年访华的作家安赫尔·拉玛(Ángel Rama)、1963 年访华的记者爱德华多·加莱亚诺(Eduardo Galeano),以及经济学家威廉·伯恩哈德(Guillermo Bernhard)和 1966 年访华的作家兼记者卡洛斯·玛利亚·古铁雷斯(Carlos María Gutiérrez)。另一方面,书店"Nativa Libros"的创始人——维森特·罗维塔(Vicente Rovetta)为在乌拉圭传

---

①② Martínez Moreno, Enrique, y Otros, *La Nueva China vista por Parlamentarios Uruguayos*. Montevideo: Instituto Cultural Uruguay-China, 1960.

播毛泽东思想做出了贡献①。他从 1966 年开始,便经常到访中国。值得注意的是,这些知识分子和政治家将他们对中国的看法写在书籍、编年史和文章中②,让乌拉圭人民可以从不同的角度了解中国文化,这些角度可能与他们之前在媒体中发现的不同或互补。

同时,在 20 世纪 50 年代,中国和乌拉圭共产党(PCU)也有过多次交流,当时在蒙得维的亚市举行的大会,乌拉圭共产党领导人在欢呼的人群面前宣读了中国共产党送来的祝贺信③。鉴于当时共同的价值观,如反帝国主义、民族独立、民主、和平和社会主义④。中国共产党和乌拉圭共产党两党之间在公开场合相互问候,50 年代乌拉圭共产党领导人对中国共产党表示了肯定。乌拉圭工会活动家、政治领袖和作家恩里克·罗德里格斯就是这样的例子,他不仅参加了 1959 年中华人民共和国成立 10 周年的庆祝活动,而且还用文字记录了他在中国的经历⑤。在他的著作中,他基于马克思列宁主义的思想观点,一方面强调了中国第一个十年在经济和社会建设方面所做的努力和取得的成就,呼吁全世界无产阶级反对帝国主义的斗争,另一方面强调了中国人民坚持马克思列宁主义的热情⑥。

---

① Los Autores Zhang y Xie Destacan que la Buena Recepción y el Reconocimiento de Mao Tse Tsung hacia Vicente Rovetta Responde a sus Esfuerzos por, a Través de "Nativa Libros", Difundir las ideas Maoístas y el Pensamiento Chino del Momento en el Continente Latinoamericano en Zhang, Kun y Xiaoxiao Xie, "*Call me Comrade not Mister*": *Vicente Rovetta and the Spread of Maoism in Latin America's Global Sixties*, The Sixties (2019): 205—237.
② Para más Sobre las Impresiones de Estos Viajeros, ver Cabrera, Sarandy, *China y el Colapso mundial del Leninismo*, Montevideo: Vintén Editor, 1990; Galeano, Eduardo, *China 1964, Crónica de un Desafío*. Buenos Aires: Jorge Álvarez Editor, 1964; Rovetta, Vicente, *China: el Derecho a Rebelarse*, Montevideo: Nativa Libros, 1968; Sosa, Jesualdo, *Conocí China en Otoño*, Buenos Aires: Ediciones Meridión, 1958.
③ 参见《乌拉圭共产党举行代表大会宣读联共中央及各国兄弟党贺电时,引起全场热烈欢呼》,《人民日报》1950 年 5 月 23 日;《中共中央电贺乌拉圭共产党代表大会》,《人民日报》1955 年 9 月 23 日。
④ 《中共中央致电乌拉圭共产党中央祝乌拉圭共产党成立四十周年》,《人民日报》1960 年 9 月 21 日。
⑤ 《1959 年阅兵:建国十周年庆祝大典》,《人民日报》2009 年 10 月 1 日,http://news.sohu.com/20091001/n267120089.shtml。
⑥ Enrique Rodríguez, "China: Otro Gigante de pie y en Marcha", *Estudios* (Montevideo), Mayo de 1960.

此外,在20世纪五六十年代之间,乌拉圭和中国通过不同的组织(如中国全国记者协会和乌拉圭记者协会)保持了记者群体的交流。这些乌拉圭记者一抵达中国就开始紧锣密鼓地与政府高级官员和政治领导人会面,并参观历史名胜、工厂和剧院①。同样,也有来自乌拉圭的歌手、足球运动员和网球运动员访问中国②,以及与乌拉圭—中国文化协会等各国文化机构或组织的交流。③

在抵达中国的政治领导人中,有红党参议员、前内政部长格劳科·塞戈维亚。他于1960年应外交学会的邀请在中国停留了一个月(11月17日—12月18日)④。1964年,科罗拉多州参议员路易斯·特罗科利与夫人在中国逗留了几个星期,在与外交学会会长张奚若举行的会谈中,后者表示希望发展与乌拉圭的贸易关系,称赞两国人民之间的接触是友好关系的推动力。据报道,特罗科利表示需要与中国等国家进行贸易,以使乌拉圭实现经济独立⑤。

另一方面,本着与中国建立贸易关系的精神,1963年,时任全国政府委员会主席丹尼尔·费尔南德斯·克雷斯波(Daniel Fernández Crespo)、国务委员阿尔贝托·阿卜杜拉(Alberto Abdala)和总理亚历杭德罗·佐里利亚·德·圣马丁(Alejandro Zorrilla de San Martin)在乌拉圭接待了一批来自中国进出口公司的商人。

乌拉圭和中国的交流在20世纪70年代初开始减弱,最后记录的交流之一是1972年一个乌拉圭建筑学生代表团访问中国的大学、公社和建筑工地⑥。这

---

① 参见《周总理接见乌拉圭记者》,《人民日报》1959年2月27日;《我新闻工作者代表团访问乌拉圭议会》,《人民日报》1959年6月6日;《乌拉圭国务会议委员接见我新闻代表团》,《人民日报》1959年6月10日;《尼日利亚工会大会主席和乌拉圭两位记者到京》,《人民日报》1959年9月24日。

② 参见《乌拉圭女歌唱家回国》,《人民日报》1959年7月20日;《乌拉圭网球选手阿贡到京》,《人民日报》1959年10月20日;《乌拉圭大学生足球队昨在京进行首次友谊赛》《人民日报》1963年12月9日。

③ 《庆祝中华人民共和国成立十四周年乌拉圭—中国文协举办活动周》,《人民日报》(Beijing),1963。

④ 参见《乌拉圭众议员塞戈维亚到京》,《人民日报》1960年11月18日;《张奚若宴请乌拉圭客人》,《人民日报》1960年11月21日;《林枫副委员长接见乌拉圭外宾》1960年11月24日;《乌拉圭—众议员离京回国》1960年12月18日。

⑤ 参见《乌拉圭众议员特罗科利夫妇到京》,《人民日报》1964年10月22日;《我外交学会会长宴请乌拉圭客人》,《人民日报》1964年10月23日;《陈毅副总理接见乌拉圭客人》,1964年10月25日;《林枫副委员长接见乌拉圭客人》1964年11月7日;《朱德委员长接见乌拉圭客人》1964年11月13日。

⑥ 《申健会见并宴请乌拉圭朋友》,《人民日报》1972年5月7日。

种交流的减弱可以归因于乌拉圭20世纪60年代末70年代初的政治动荡。乌拉圭经历了一段由政治和社会分化所导致的经济危机及暴力,同时资本主义和社会主义对立冷战的国际局势尚未改变①,此外许多与中国有接触或曾前往中国的人在动荡中受到政治迫害,被监禁、失踪或流放②,如维森特·罗维塔(Vicente Rovetta)的遭遇,他从1966年起经常前往中国,但最终于1975年与家人一起流亡③。

另一方面,有学者指出,中国与拉美国家的交流在20世纪60年代开始放缓,原因是多方面的:中国与苏联的关系破裂,促使其寻求与其他共产主义国家的联盟,因此中国迅速与古巴建交,并实行削减外交开支的政策④。这种情况使得由奈伯格发起并由法里尼亚继续进行的谈判难以发展下去,其他的政治领袖、知识分子、活动家和文化代表团的交流访问也受到影响。

然而,自中华人民共和国成立以来至20世纪70年代初,所有这些交流和联系都揭示了中国和乌拉圭不同组织对促进关系发展的强烈意向,这些交流即使不意味着建立外交关系,也对乌拉圭的外交政策做出了很大的贡献。正如乌拉圭政府领导人、企业代表和媒体所表达的那样,这可能是由于中华人民共和国成立的事实让各方无法忽视其地缘政治的重要性、经济和商业潜力以及其丰富的文化财富。

结　　语

中华人民共和国成立以来,在复杂的国际局势下,乌中两国的关系缓慢前行,20世纪五六十年代的"人民外交"政策,使得两国文化和知识界交流得到了

---

① Marchesi, Aldo and Jaime Yaffé, "Violencia Política en el Uruguay de los '60. Conceptos y Explicaciones", V Jornadas de Sociología de la UNLP, La Plata: Universidad Nacional de La Plata, Facultad de Humanidades y Ciencias de la Educación, Departamento de Sociología, 2008. 1—21.
② Es Posible Encontrar los Nombres de Algunos Viajeros a la RPC en la Publicación "Las Fuerzas Armadas al Pueblo Oriental. Tomo 1: La Subversión", Redactada por la Junta de Comandantes en Jefe, Libro que fue Digitalizado en el año 2003.
③ Rovetta Dubinsky, Pablo Vicente, *Los años Setenta en China. Recuerdos de un Oriental en Oriente*, Sevilla: Universo de Letras, 2020.
④ Connelly, Marisela y Romer Cornejo Bustamante, *China-América Latina. Génesis y Desarrollo de sus Relaciones*, Ciudad de México: El Colegio de México, 1992.

加强。诸如路易斯·巴特利·贝雷斯关于承认中华人民共和国和与之进行贸易可能性的声明，奈伯格和法里尼亚试图进行商业交易的机构接触，都成为促使与中国这样重要贸易伙伴建立外交关系的推动力。

对这个过程可以进行一些反思。首先，一些历史人物的观点，尽管他们的意识形态立场不同，但都是有远见的，比如路易斯·巴特利·贝雷斯、毛里西奥·奈伯格、曼努埃尔·法里尼亚和1959年代表团的议员们，他们在乌中关系上都表现出某种开放性，使他们能够超越彼时的国际政治环境，察觉到与中国保持和睦关系带来的机遇。其次，合议制由于在许多场合缺乏共识，在做出决定时被证明是低效或无效的，这种情况使他们无法在与中国的关系中迅速采取行动。再次，这些接触不仅发生在最高层，还涉及社会民众之间，他们进行了思想和知识的交流。

乌拉圭在此期间未能与中国建立外交关系可能是由三个因素造成的：乌拉圭官僚主义的障碍、对共产主义日益发展壮大的恐惧，以及对这一问题的政治利用，导致乌拉圭的国际形象被一个反对左派意识形态的两极化世界所左右，而没有充分利用对本国大为有利的贸易环境。虽然在20世纪70年代保持了一些交流，而且在邓小平领导下，中国开始向西方国家开放，但乌拉圭直到军事独裁统治之后才与中国建立外交关系。在专制主义时期，乌拉圭未能利用新的形势，而这本来是对其商业发展一个重要的机遇。

乌拉圭与中国:日渐密切的两国关系*

Liber Di Paulo & Georgina Pagola**

摘要:1988 年 2 月,在世界与亚洲国家外交关系正常化及乌拉圭推进民主过渡的大背景下,乌拉圭和中华人民共和国建立了外交关系。尽管两国建交时间较晚,但外交关系进展顺利。乌拉圭积极稳步改善双边关系,这种关系不仅局限于贸易层面,在多种协议和"一带一路"倡议的作用下,两国已建立战略伙伴关系。本文分析了截至 2021 年两国关系的加强过程,阐释了该过程的三个阶段:建立、巩固和强化,乌拉圭和中国最终成为相互信赖的战略伙伴,并具有广阔的发展前景。同时本文推断,中华人民共和国和乌拉圭共和国之间的友好合作,为巩固双边关系奠定了基础,这种关系将在"一带一路"倡议的签署中得到最大程度的体现。

关键词:乌拉圭　中国　双边关系　"一带一路"倡议

1988 年 2 月 3 日,在当时的红党主席何塞·玛丽亚·桑吉内蒂(José María Sanguinetti)、外交部长恩里克·伊格莱西亚斯(Enrique Iglesias)、乌拉圭驻阿根廷大使路易斯·巴里奥斯·塔萨诺(Luis Barrios Tassano)、多位经济领域的重要人物以及中华人民共和国政府重要代表人物的参与下,乌中双方充分地交换意见并最终在纽约市签署了三项协议,巩固并具体落实了外交关系的建立①。之后双方又逐步签署了若干协议、公约和谅解备忘录,以加强两国在经济、政治、文化、学术和体育等其他领域的联系。

自 1988 年以来,乌拉圭和中国陆续达成的协议为在"一带一路"框架内形成更具战略性的关系奠定了基础。一些学者认为,乌拉圭和中国关系的核心是

---

* 本论文特别感谢乌拉圭驻华大使费尔南多·卢格里斯、乌拉圭驻华大使馆、乌拉圭外交部外交历史档案馆、乌拉圭国家图书馆、马克·德·保罗先生及上海大学。

** Liber Di Paulo,曾执教于乌拉圭阿蒂加斯师范学院,毕业于乌拉圭共和国大学社会科学学院经济史专业;Georgina Pagola,曾执教于乌拉圭阿蒂加斯师范学院,目前在上海大学攻读世界史博士学位。两位青年学者近些年活跃于中乌外交、教育领域。

① Memorando De Entendimiento De Intenciones, 3 de Febrero de 1988, Ministerio de Relaciones Exteriores de Uruguay, Extraído de https://tratados.mrree.gub.uy/.

经济,但过去33年与中国关系的附加值不仅是贸易,还有文化、技术、政治和地缘战略交流。自1988年建交以来,乌中关系可以分为三个阶段:建立、巩固和强化。此外,虽然乌拉圭政府新近完成换届选举,但是对中国的外交政策没有明显变化,并且在此基础上展望关系发展,规划未来战略。

本文以国际关系史为理论框架,分析了自1988年乌拉圭和中国建交以来发生的历史事件,认为国际关系史"旨在对个人、群体和国家之间建立的社会关系进行历史研究,这些关系超越国界建立互动,并在复杂多变的特定环境,比如国际环境中不断竞争与发展"①。

从国际关系和经贸关系的角度出发,乌中建交及双边关系发展的课题已经得到充分研究并形成了大量的工作材料。在此基础上,本文通过外交文件、新闻资料和对现任乌拉圭驻华大使费尔南多·卢格里斯(Fernando Lugris)的采访,对两国外交关系和部分成果进行历史分析和评估。

一、乌拉圭和中国外交关系的建立

与美国和拉丁美洲其他国家不同,乌拉圭没有在20世纪70年代与中国建立外交关系,因为此时乌拉圭正经历由军事独裁统治(1973—1985)造成的体制危机时期,导致除了区域问题外,外交关系没有得到优先考虑。根据一些学者的研究,如卡洛斯·卢汉(Carlos Luján),这一时期乌拉圭采取的外交政策是"意识形态化的",这意味着它受根深蒂固的价值观和规则的束缚,使其无法超越冷战造成的两极格局来看待世界②。

20世纪70年代末,在邓小平领导下,中国开始实行改革开放政策,这带来了中国外交政策的转变,也影响了中国与拉丁美洲的关系。这种关系建立在友好合作的基础上,以和平与发展为主要目标③。中国外交政策是实现共赢,彼

---

① Pereira Castañares, Juan Carlos, "De la Historia Diplomática a la Historia de las Relaciones Internacionales: Algo más que el Cambio de un Término", *Historia Contemporánea* (1992): 155—182.

② Raggio Souto, Andrés, "Uruguay y China en 1988: Proceso de Cambio en las Relaciones Diplomáticas", Martínez Cortés, José Ignacio, *América Latina y el Caribe-China: Relaciones Políticas e Internacionales 2019*, Ciudad de México: Unión de Universidades de América Latina y el Caribe (2020): 171—189.

③ Xu, Shicheng, "Las Diferentes Etapas de las Relaciones Sino-latinoamericanas", *Nueva Sociedad* (2006): 102—113.

得·路易斯将其定义为基于实用主义的政策①。"中国在拉美的战略目标已经转向建立双边战略伙伴关系,效仿中俄战略伙伴关系的模式,旨在加强国际事务和经济一体化方面的合作与协调。"②

在1988年之前的几年间,乌拉圭和中国双方开始接触。在乌拉圭恢复民主之后,建交过程的速度也进一步加快。"虽然在乌拉圭的独裁时期结束之前,双方政府之间就有重要的接触,但民主化进程,以及红党对乌拉圭重新融入国际社会的重视,加上中国积极的外交活动使乌中建交的需求愈发迫切。"③

1984年9月25日,在时任中国外交部长吴学谦的召集下,乌中外交部长在纽约进行了一次非常重要的谈判,讨论的核心是贸易问题。尽管如此,吴学谦部长还是突出强调了中乌建交议题。同年11月,中国政府代表团抵达乌拉圭,在坚持原有目标基础上,该代表团继续表达了建交的意愿。然而当时乌拉圭正面临结束独裁统治恢复民主等问题,建交之事并未及时推进,但这次会议产生了积极的影响,乌政府决定日后访问中国,并通过驻纽约和布宜诺斯艾利斯的外交官进行接触④。

首先要注意的是,通过民间的商业活动,乌中两国已经存在贸易联系,例如在羊毛产业中存在的贸易关系。1979—1984年,顶级羊毛的出口占到了中国市场额的90%以上⑤。根据媒体的报道,1981—1985年,中国增加了对羊毛织物的人均消费,逐渐成为乌拉圭羊毛的主要买家之一⑥。另一方面,乌拉圭对中国大陆的羊毛出口在1983年(1 216.5万美元)和1984年(3 815.1万美元)迅猛增长⑦。1985—1986年间,乌方对中国的出口数量继续增加⑧,贸易额从1987年

---

① Bernal-Meza, Raúl, "Las Relaciones China-Mercosur y Chile", *Ciclos*(2012—2013): 147—173.
② Ibid., p.152.
③⑤ Raggio Souto, Andrés, "Algunos Apuntes Sobre el Establecimiento de las Relaciones Diplomáticas entre Uruguay y la República Popular China en 1988", *Revista Diplomática*(2018): 189—196.
④ Bonilla Saus, Javier, y Otros, *Un caso Exitoso de Negociación Diplomática: el Reconocimiento de la República Popular China*, Montevideo: Universidad ORT Uruguay, 2007.
⑥ Gonzalo Arroyo, "FucREA: Razonable Optimismo para la Ganadería", *Jaque*(Montevideo), 4 de Enero de 1989.
⑦ Juan A. Gamio, "El dilema de las dos Chinas", *Jaque*(Montevideo), 26 de Abril de 1985.
⑧ "Las Ventas en 1986", *Jaque*(Montevideo), 4 de Febrero de 1987.

到1988年增加了一倍以上(5.22%到11.26%),但是进口增长较为缓慢①。

羊毛是乌拉圭出口的主要产品之一,而中国又有市场需求,因此两国交流的主要目的之一是为促进羊毛贸易和创造更有利的贸易环境。中国希望从乌拉圭进口羊毛,这符合工业化建设的需求:为了打下经济现代化的基础,中国在20世纪80年代经历了纺织业的扩张;这就意味着需要为其工厂提供初级生产资料,然后是牛肉、谷物、兽皮和水洗羊毛②。

在民主化过渡的过程中,1984年11月25日,乌拉圭选举的结果是胡里奥·玛丽亚·桑吉内蒂(Julio María Sanguinetti)和恩里克·塔里戈(Enrique Tarigo)组成的红党取得了胜利,该党政府提案以"和平过渡"③为口号。在新政府成立的头几个月,被称为"远见卓识之人"的外交部长恩里克·伊格莱西亚斯开始表达出对与中国关系中存在经济优势的观点,桑吉内蒂总统公开听取了这一意见,但起初这个观点并未掀起很大波澜。伊格莱西亚斯的立场基于务实和技术因素,而桑吉内蒂的立场则更具政治性:前者侧重于与国际政策有关的管理问题,而后者则以总统和政治家的身份,必须阐明乌拉圭国内的不同愿景和立场。同样,在经济层面上,涉及该问题的各利益方之间也出现了争论,它们提到了与中国联系将带来的利益或可能的经济损失。一方面,有些人对不再从台湾岛进口产品的经济损失感到不确定;另一方面,一些商人已经在与中国进行贸易,因此出于自身利益,他们需要一个更稳定的贸易框架,这将通过建立外交关系来实现④。然而,"……并不是所有的政府成员或反对派都达成了一致的共识"⑤。

---

① Raggio Souto, Andrés, "Algunos Apuntes Sobre el Establecimiento de las Relaciones Diplomáticas Entre Uruguay y la República Popular China en 1988", *Revista Diplomática* (2018): 189—196.

②④ Bonilla Saus, Javier, y Otros, *Un caso Exitoso de Negociación Diplomática: el Reconocimiento de la República Popular China*, Montevideo: Universidad ORT Uruguay, 2007.

③ Broquetas, Magdalena, "Liberalización Económica, Dictadura y Resistencia. 1965—1985", Frega, Ana, y otros, *Historia del Uruguay en el siglo XX (1890—2005)*, Montevideo: Ediciones de la Banda Oriental (2008): 163—210.

⑤ Raggio Souto, Andrés, "Uruguay y China en 1988: Proceso de Cambio en las Relaciones Diplomáticas", Martínez Cortés, José Ignacio, *América Latina y el Caribe-China: Relaciones Políticas e Internacionales 2019*, Ciudad de México: Unión de Universidades de América Latina y el Caribe (2020): 171—189.

分歧在议会中也有表现，不仅出现在经济辩论中，也出现在了政治辩论中：建交拥护者红党参议员曼努埃尔·弗洛雷斯·席尔瓦（Manuel Flores Silva）对反对派发出谴责，他说如果乌拉圭继续否认像中国这样的人口大国的存在，乌拉圭的外交政策将受到质疑①。

作为承认中华人民共和国并建立外交关系的论据之一，伊格莱西亚斯说："……对我们来说，对外关系的一个基本原则是在尊重主权、尊重我们的身份和对等不干涉的原则基础上与世界上所有国家保持外交关系。这一原则高于任何其他原则。但这并不是唯一的，国家也有经济联系和利益考虑，在我们所处的动荡和危机中，这些联系和利益变得更加重要。"②另一个推进与中国谈判的角色是外交部经济事务司司长卡洛斯·佩雷斯·卡斯蒂略（Carlos Pérez Castillo），他也同意伊格莱西亚斯部长的观点③。

此外，1986年乌拉圭—中国商会的成立是建立关系的一个重要环节，因为两国贸易需要各方的监管④。这一举措被认为是积极的，因为该商会在与亚洲国家的关系中拥有丰富的经验，并在乌拉圭和中国政府之间起到了桥梁作用。例如1987年3月一些中国企业参加了中国国际贸易促进委员会在蒙得维的亚举办的展览⑤。此外，1986年，恩里克·伊格莱西亚斯邀请中国参加在埃斯特角举行的关税与贸易总协定谈判，这是中国第一次参加这种贸易层面的活动⑥。这对中国来说是一个至关重要的事件，因为它被视为后来加入世界贸易组织的

---

① "Relaciones con Pekín Serían Inminentes", *Jaque* (Montevideo), 23 de Diciembre de 1987.
② "Los Éxitos de una Política Exterior de Entonación Nacional", *Jaque* (Montevideo), 30 de Agosto de 1985. p.11. A su vez, Enrique Iglesias ya Había Realizado Declaraciones Manifestando la Voluntad del Gobierno Uruguayo de Desarrollar Relaciones con la RPC, y Ello fue Publicado por el Medio chino, del 24 de Julio de 1985.
③ Bonilla Saus, Javier, y Otros, *Un caso Exitoso de Negociación Diplomática*: *el Reconocimiento de la República Popular China*. Montevideo: Universidad ORT Uruguay, 2007.
④ Raggio Souto, Andrés, "Algunos Apuntes Sobre el Establecimiento de las Relaciones Diplomáticas entre Uruguay y la República Popular China en 1988", *Revista Diplomática* (2018): 189—196; También se Puede Encontrar Información al Respecto en el Artículo de Diario "Cámara de Comercio Uruguay-R Popular China Inauguró su Sede", *Jaque* (Montevideo), 14 de Setiembre de 1988.
⑤ 李志明：《中国经济贸易展览在乌拉圭开幕》，《人民日报》1987年3月22日。
⑥ Raggio Souto, Andrés, "Algunos Apuntes Sobre el Establecimiento de las Relaciones Diplomáticas entre Uruguay y la República Popular China en 1988", *Revista Diplomática* (2018): 189—196.

门户，因此人们至今仍对伊格莱西亚斯在建立外交关系中发挥的重要作用极其敬重①。

与 20 世纪 50—60 年代的情况不同，到了 80 年代中期，美国等绝大多数西方资本主义大国都承认了中华人民共和国，并与之建立了外交关系，因此，不建交的论据要么失去了支持，要么被削弱了。面对乌拉圭的民主化进程，需要强有力的论据来消除与中国可能存在的意识形态分歧，并着重强调其提供的利益和可能性。

1985 年 9 月，乌拉圭总统桑吉内蒂在纽约联合国总部会见了中国外交部长吴学谦，双方都表示愿意逐步推动经济合作②。两个月之后，两个外交使团访问中国：一个由议员组成（其中包括参议员胡安·劳尔·费雷拉〈Juan Raúl Ferreira〉③），另一个由行政部门组成，由畜牧、农业和渔业部部长罗伯托·巴斯克斯（Roberto Vázquez）④领导；巴斯克斯部长率领的代表团前往北京就达成贸易协议的条件进行谈判，最终签署了 1 亿美元的协议，为建立外交关系铺平了道路。为了最终达成协议，需要桑吉内蒂的批准，为了在政党内达成共识，总统对协议进行了某些修改；另一方面，驻阿根廷乌拉圭大使路易斯·巴里奥斯·塔萨诺成为谈判的重要一环，他深受桑吉内蒂的信任，并在和乌拉圭毗邻且已经与中国建交的阿根廷出任大使。路易斯在已经签署的备忘录基础上开展工作，1987 年底完成了备忘录的修正，其中包括贸易协定、建立外交关系、文化和教育合作以及经济和技术合作⑤。

最终协议于 1988 年 2 月 3 日在纽约市达成，乌拉圭常驻联合国代表费利佩·赫克托·保利洛（Felip Héctor Paolillo）负责签署关于中华人民共和国和乌

---

① Entrevista al Embajador de Uruguay en la República Popular China Fernando Lugris, Beijing, 3 de Agosto de 2021.
② 《吴学谦会见乌拉圭总统及一些国家外长》，《人民日报》1985 年 9 月 27 日。
③ Sus Reflexiones Respecto a Este Viaje se Recopilan en el Artículo de Diario "Regreso de China: Declaraciones de J.R. Ferreira", *Jaque* (Montevideo), 5 de Diciembre de 1985.
④ Romero Wimer, Fernando y Pablo Senra Torviso, "Relaciones Diplomáticas entre la República Popular China y la República Oriental del Uruguay (1988—2020)", *Revista Interdisciplinaria de Estudios Sociales* (2020): 54—87.
⑤ Bonilla Saus, Javier, y Otros, *Un Caso Exitoso de Negociación Diplomática: el Reconocimiento de la República Popular China*, Montevideo: Universidad ORT Uruguay, 2007.

拉圭共和国建立外交关系的书面协议①。根据《经济和技术合作备忘录》②，中国承诺提供便利以达到 1.5 亿美元的乌拉圭商品年进口额，第一年目标额度为 8 000 万美元。就其本身而言，乌拉圭政府表示希望实现出口多样化。中国保证优先考虑进口乌拉圭的非传统产品，如谷物粮食、冷冻鱼、鱼粉、鱿鱼、肉类、柑橘类水果、乳制品、木材、纤维素、烟草、饵料和油、羊毛和皮革制品及毛毯，以及半宝石（玛瑙和紫水晶）。同时，中国承诺在未来几年购买一定数量的大豆。《贸易协定》③规定，为了发展商业关系，两国应相互提供货物进出口和技术交流的便利，两国还承诺建立一个联合贸易委员会，监督销售合同的执行情况。

建立关系的最重要原因之一是胡里奥·玛丽亚·桑吉内蒂于 1988 年 10 月抵达中国。"桑吉内蒂总统最近对中华人民共和国的访问具有高度的象征性。按照传统，多名高级官员和几十位企业家与他一同前往，这次访问还标志着本届政府在国家重要部门的支持下开展得非常成功的政治、经济和外交进程达到了顶峰。④"1988 年 11 月桑吉内蒂访华后，中国政府肯定了乌拉圭恢复民主的进程，这个国家在拉丁美洲是"和平的象征"，同时乌拉圭总统强调，与中国的贸易发展"速度高于预期"⑤。恩里克·伊格莱西亚斯则表示，与中国建立外交关系的决定受到政治现实主义的启发⑥，同时强调乌拉圭应该更加关注和关心东方世界，因为它正在经历一个大规模的增长过程⑦。

在宣布建交的同时，一些中国媒体发表了关于乌拉圭的社论，赞扬其民主化和桑吉内蒂执政以来的物质条件和经济的改善，以及其追求和平、不结盟和独立的外

---

① Romero Wimer, Fernando y Pablo Senra Torviso, "Relaciones Diplomáticas entre la República Popular China y la República Oriental del Uruguay (1988—2020)", *Revista Interdisciplinaria de Estudios Sociales* (2020): 54—87.

② Memorando De Entendimiento De Intenciones, 3 de Febrero de 1988, Ministerio de Relaciones Exteriores de Uruguay, Extraído de https://tratados.mrree.gub.uy/.

③ Convenio Comercial entre el Gobierno de la República Oriental del Uruguay y el Gobierno de la República Popular China, 3 de Febrero de 1988, Ministerio de Relaciones Exteriores de Uruguay, extraído de https://tratados.mrree.gub.uy/.

④ Elbio Laxalte Terra, "Dos Visiones de un País", *Jaque* (Montevideo), 16 de Noviembre de (1988): 9.

⑤ "En China, Uruguay es "Símbolo de paz", *Jaque* (Montevideo), 9 de Noviembre de 1988.

⑥ "Uruguay Estableció Relaciones con China Popular", *Jaque* (Montevideo), 10 de Febrero de 1988.

⑦ Eduardo Quintaos, "Enrique Iglesias: América Latina debe Despegar en los '90", *Jaque* (Montevideo), 23 de Marzo de 1988.

交政策[1]。他们还赞扬了该国的高识字率,这使其在南美教育方面处于领先地位[2]。这表明,在建交后,中国立即通过对乌拉圭进行评价来宣传双方所达成的协议。

1950—1960年间,路易斯·巴特列·贝雷斯(Luis Battle Berres)表示需要承认中华人民共和国,派遣贸易代表与中国达成协议并促进文化交流。乌拉圭走在世界前列,但当乌拉圭在独裁统治期间,这种积极主动性就被削弱了。而后在1988年,乌拉圭与中国建交,尽管已经落后于许多国家,这一做法使乌拉圭与当时的国际现实保持一致。

二、乌拉圭和中国关系的巩固

建交之后是关系巩固阶段——从1988年到2015年,在胡里奥·玛丽亚·桑吉内蒂(1985—1990和1995—2000)、路易斯·阿尔贝托·拉卡列(Luis Alberto Lacalle,1990—1995)、豪尔赫·巴特列(Jorge Batlle,2000—2005)、塔巴雷·巴斯克斯(Tabaré Vázquez,2005—2010)和何塞·穆希卡(José Mujica,2010—2015)的总统任期内。我们可以推断,双方的关系随着时间的推移而延续,自1988年以来,乌拉圭三个不同的执政党——红党、民族党和广泛阵线——一直在巩固和中国的外交关系,贸易合作不断多样化。乌拉圭不同的政治领导人都与中国保持良好的关系,这表明中国是一个长期的合作伙伴[3],同时中乌关系也越来越具战略意义。

在深化合作期间,双方关系继续友好发展,没有中断或出现重大问题,签署谅解备忘录和贸易协定的机制仍然保持,比如关于羊毛合作的备忘录[4],双方不仅同意派遣技术代表团以增加羊毛产品加工和制造方面的交流,还同意增加乌拉圭羊毛对中国的出口,并相互投资,在中国和乌拉圭建立合资企业。这些协议和后续协定都特别强调专家、技术、材料和培训计划的交流。

由于早年间羊毛一直是乌拉圭向中国出口的主要产品,并持续到2005年左

---

[1] 《乌拉圭东岸共和国》,《人民日报》1988年2月4日。
[2] 《乌拉圭点滴》,《人民日报》1988年2月4日。
[3] Entrevista al Embajador de Uruguay en la República Popular China Fernando Lugris, Beijing, 3 de Agosto de 2021.
[4] Memorando de Entendimiento sobre Cooperación Lanera entre el Ministerio de Relaciones Exteriores de la República Oriental del Uruguay y el Ministerio de la Industria Textil de la República Popular China, 31 de Octubre de 1990, Ministerio de Relaciones Exteriores de Uruguay, Extraído de, https://tratados.mrree.gub.uy/.

右,乌拉圭越发期望拓展出口多样化。桑吉内蒂在他的第二个总统任期内就表示希望向中国出售除羊毛、牛肉和羊肉之外的其他产品①。

因为中国和拉美国家同属第三世界,所以双方具有相互认同的共同点,同时,随着经济的飞速发展,中国越来越需要从拉美国家获得资源和原材料,因此拉美国家成为中国可靠的合作伙伴②,乌拉圭就是如此。据估计,随着中国经济的增长,中国与包括乌拉圭在内的拉美国家之间的贸易也会增加③。

20世纪90年代初,乌拉圭对中贸易处于有利地位,出口超过进口。1992—2000年间,出口保持相对稳定。进口方面,直到2000年都在持续增长。1997年出现贸易逆差,乌拉圭对中国进口多于对其出口。21世纪初,乌拉圭对中国的出口占5%,其主要产品是羊毛,占总出口量的70%,其次是鱼类12%和皮革12%④。因此与中国最初几年的贸易交流被称为"羊毛外交"⑤。

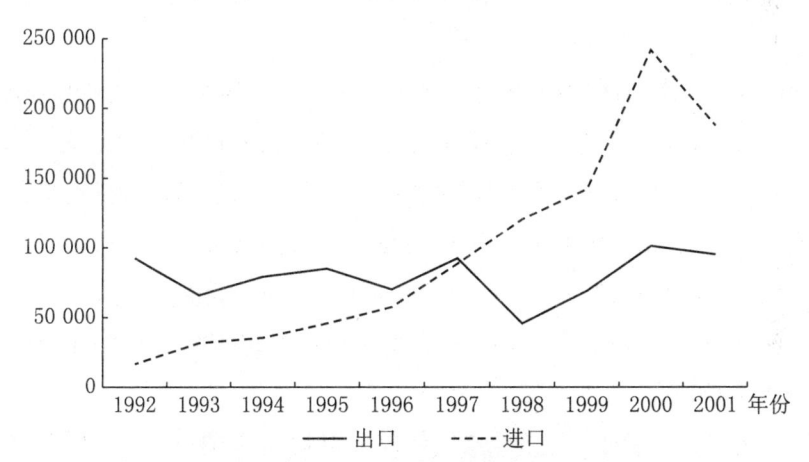

图1　1992—2001年乌拉圭与中华人民共和国的进出口情况(以千美元计)
资料来源:根据从世界银行世界综合贸易解决方案中获得的数据绘制。

---

① Romero Wimer, Fernando y Pablo Senra Torviso, "Relaciones Diplomáticas entre la República Popular China y la República Oriental del Uruguay (1988—2020)", *Revista Interdisciplinaria de Estudios Sociales* (2020): 54—87.
② Jiang, Shixue, "A New Look at the Chinese Relations", *Nueva Sociedad* 203 (2006): 1—18.
③ Fernández, Facundo, "Presencia de China en América Latina", *Revista Diplomática* (2018): 161—168.
④ Uruguay XXI. Informe Mensual Comercio Exterior: Julio 2021. Mensual. Montevideo: Uruguay XXI, 2021.
⑤ Entrevista al Embajador de Uruguay en la República Popular China Fernando Lugris, Beijing, 3 de Agosto de 2021.

131

在巩固时期,中国领导人连续访问乌拉圭,例如 1990 年杨尚昆主席不仅访问了乌拉圭,他还访问了墨西哥、巴西、阿根廷和智利等其他拉丁美洲国家,2001 年江泽民主席也访问了乌拉圭。曾于 1994 年访问过乌拉圭的胡锦涛主席于 2004 年表示,愿以建立友谊、促进合作、加强交流等目标,开创"中拉友好新局面"①。此外,两国之间不仅通过官方代表团进行联系,也通过各政党进行交流,如广泛阵线,其领导人塔巴雷·巴斯克斯于 1998 年访问中国,与中国共产党建立了友好关系②。中国在不干涉乌拉圭内政的前提下,广泛地与乌拉圭各政党保持密切联系,这样无论哪个政党执政,双方之间的关系都能得以维持和发展。

文化交流层面上,自 20 世纪 90 年代末以来,中国和拉美专家之间的学术交流有所加强,大大增加了书籍和科学研究的出版、交流,促进了中国与拉美地区的相互了解③。

2008 年 11 月 5 日,中国政府发布了一份关于中国对拉丁美洲和加勒比地区政策的文件,其中包括希望实现高层交流,建立协商机制,实现国际合作和与当地政府的联系,促进贸易往来,通过中国公司在该地区投资,进行技术合作,增加农产品贸易等。2009 年 3 月,时任总统塔巴雷·巴斯克斯访问北京,乌拉圭承认中国是一个"市场经济体"④。同年,中国向乌拉圭提供了 1 000 万元人民币的信贷额度,5 年内免收利息,用于资助两国政府商定的项目⑤,并在 2013 年为此捐赠了 4 000 万元人民币⑥。

中国在 2000 年加入世界贸易组织,可以说是影响 21 世纪贸易的最重要因素之一,它巩固了中国作为第二产业产品出口国和初级产品购买国

---

① Xu, Shicheng, "Las diferentes Etapas de las Relaciones Sino-latinoamericanas", *Nueva Sociedad* (2006): 102—113.
② Romero Wimer, Fernando y Pablo Senra Torviso, "Relaciones Diplomáticas entre la República Popular China y la República Oriental del Uruguay (1988—2020)", *Revista Interdisciplinaria de Estudios Sociales* (2020): 54—87.
③ Jiang, Shixue. "A New Look at the Chinese Relations", *Nueva Sociedad* 203 (2006): 1—18.
④ Bernal-Meza, Raúl, "Las Relaciones China-Mercosur y Chile", *Ciclos*, 2012—2013: 147—173.
⑤⑥ Convenio de Cooperación Económica y Técnica entre el Gobierno de la República Oriental del Uruguay y el Gobierno de la República Popular China, Ministerio de Relaciones Exteriores de Uruguay, Extraído de, https://tratados.mrree.gub.uy/.

的地位①。一些学者认为,21世纪标志着拉美与中国关系进入了一个新阶段,"中国对拉美展开了全方位、多层次的外交"②。在塔巴雷·巴斯克斯和何塞·穆希卡担任总统期间,旨在达成投资协议的会议有所增加,同时还讨论了建设深水港和铁路网的可能性,但由于2008年全球金融危机的影响,这些都没有实现③。此外,自2005年以来,中国在乌拉圭境内设立了7家合资企业,价值183万美元。2002年,它还成立了一家名为"跃进美洲汽车公司"的卡车组装公司,位于新赫尔维西亚市,隶属于一个中国—阿根廷财团,价值550万美元④。

中国和乌拉圭相互需要:前者需要自然资源和初级产品,而后者需要广阔的中国市场来出口这些产品⑤,鉴于南美本就是中国初级产品的主要供应地⑥,2004年,南方共同市场和中国成立了一个关系小组,旨在加强交流与合作,并着手制定自由贸易协定,然而迄今为止,尚未取得进展⑦,因此可以推断,南方共同市场缺乏与中国谈判的集团战略。

另一方面,自1988年建立外交关系以来,驻乌拉圭和中国的大使们在巩固和加强乌中关系方面发挥了重要的作用。就乌拉圭而言,历任最高外交代表——吉列尔莫·瓦莱斯(Guillermo Valles)、胡里奥·杜拉尼奥纳(Julio Durañona)、阿尔瓦罗·阿尔瓦雷斯(Álvaro Álvarez)、佩拉约·迪亚斯(Pelayo Díaz)、塞萨尔·费雷尔(César Ferrer)、路易斯·阿尔马格罗(Luis Almagro)、罗萨里奥·波特尔(Rosario Portell)以及目前的费尔南多-卢格里斯,都推动了两国关系的巩固。他们做出的决定和取得的成就为目前驻北京大使馆的各项

---

① Lalanne, Álvaro, *Posicionamiento del Uruguay en Exportaciones: Tendencias, Oportunidades y Restricciones*, Santiago: CEPAL, 2019.
②⑤ Xu, Shicheng, "Las Diferentes Etapas de las Relaciones Sino-latinoamericanas", *Nueva Sociedad*(2006): 102—113.
③ Romero Wimer, Fernando y Pablo Senra Torviso, "Relaciones Diplomáticas entre la República Popular China y la República Oriental del Uruguay (1988—2020)", *Revista Interdisciplinaria de Estudios Sociales*(2020): 54—87.
④ Oliva, Carla Verónica, "Inversiones en América Latina: la Inserción Regional de China", Cesarin, Sergio M. y Carlos Moneta, *China y América Latina. Nuevos Enfoques sobre Cooperación y Desarrollo, ¿Una Segunda Ruta de la Seda?* Buenos Aires: BID-INTAL, 2005.
⑥ Bernal-Meza, Raúl, "Las Relaciones China-Mercosur y Chile", *Ciclos*, 2012—2013: 147—173.
⑦ Barral, Welber y Nicolás Perrone, "China y Mercosur: Perspectivas", *UNAM*(2009): 165—191.

工作奠定了基础,如在蒙得维的亚共和国大学开设孔子学院和在蒙得维的亚卡萨瓦尔建立中华人民共和国学校,这些项目虽然在卢格里斯大使2015年起的管理期间实现,但在前几届政府中已经进行了谈判。这表明了乌拉圭对中国外交政策的连续性,因为"大使馆是不变的……变化的是人,是机关的支持"①。

在这30年的时间里,两国大使在贸易关系方面逐渐巩固和扩大了视野,这30年的时间也是中国飞速发展的30年,中国通过持续改革,保持了经济增长并赢得了政治信任。

三、乌拉圭和中国关系的加强:"一带一路"倡议的影响

我们认为,乌拉圭和中华人民共和国之间关系的强化期始于塔巴雷·巴斯克斯的第二个总统任期(2015—2020),并延续至今(2020年路易斯·拉卡列·波乌〈Luis Lacalle Pou〉担任总统)。这一期间,两国签署了有关"一带一路"倡议的谅解备忘录,两国成为战略伙伴,促成了更加信任、稳定的双边关系。

在塔巴雷·巴斯克斯2016年的中国之行后,这两个国家成为战略合作伙伴②;这意味着他们在平等的基础上相互承认,不是作为反对共同敌人的联盟,而是在构成人类命运共同体的各个领域追求共同发展和合作③。在那次会见中,习近平主席强调了南方共同市场的重要性,并表示愿意加强与该集团的关系④。同时,双方同意将2018年作为签署自由贸易协定的预期时间,为此有必要与作为南方共同市场成员的阿根廷和巴西举行会谈⑤,但这并没有实现,原因之一是集团成员之间难以达成一致。

这一时期另一个关键事件是2018年8月签署的《乌拉圭政府与中华人民共

---

①③ Entrevista al Embajador de Uruguay en la República Popular China Fernando Lugris, Beijing, 3 de Agosto de 2021.

②⑤ Romero Wimer, Fernando y Pablo Senra Torviso, "Relaciones Diplomáticas entre la República Popular China y la República Oriental del Uruguay (1988—2020)", *Revista Interdisciplinaria de Estudios Sociales* (2020): 54—87.

④ "Acuerdo Estratégico: Presidentes Tabaré Vázquez y Xi Jinping Acordaron Avanzar Rápidamente en un Tratado de Libre Comercio Uruguay-China", Uruguay Presidencia, 18 de Octubre de 2016.

和国政府关于丝绸之路经济带倡议和 21 世纪海上丝绸之路框架内合作的谅解备忘录》①,备忘录提到了促进共同发展,巩固开放、包容和平衡的经济合作,维护地区和平,区域和金融连通,双边合作,持续的政策协调,设施的连通,自由贸易以及人民之间的联系。

中国有意将拉丁美洲和加勒比地区纳入"一带一路"倡议的最初表现之一是邀请拉美的国家元首和政府领导人参加 2017 年 5 月举行的"一带一路"国际合作高峰论坛;2019 年 4 月还举行了第二次高峰论坛,该地区国家的国家元首参加了论坛,其中包括乌拉圭②。该倡议的具体目标是增加贸易,发展双边和多边合作,重点是通信、基础设施、互联互通、贸易和人员交流;推动亚洲基础设施投资银行(AIIB)和新开发银行(NDB)的自由贸易和开发区的发展;加强能源、资源和生产链领域的国际合作;提升交通运输方式;深化文化交流③。这个项目是中国"走出去"战略的代表,通过"走出去",中国将发展战略与拉丁美洲联系起来,而拉美对中国的出口市场也呈现越来越高的依赖性④。

从中国权威学者的分析看,近几十年来,拉美的特点是实施改革,寻求向世界开放,吸引外国投资与市场自由化,以促进其经济发展,中国借助这种情况与之进行合作,并将自己确立为该地区的经济伙伴之一⑤。根据乌拉圭驻西班牙北部大区总领事罗德里格斯·鲍塞罗(Rodriguez Bausero)的说法,2016 年拉丁美洲经济委员会表示,与中国的合作可以减少基础设施、物流方面的差距,以及

---

① Memorando de Entendimiento entre el Gobierno de la República Oriental del Uruguay y el Gobierno de la República Popular China sobre Cooperación en el marco de la Iniciativa de la Franja Económica de la Ruta de la Seda y la Ruta Marítima de la Seda del siglo XXI, 20 de Agosto de 2018, Ministerio de Relaciones Exteriores de Uruguay, Extraído de https://tratados.mrree.gub.uy/.

② Rodríguez Bausero, Ramiro, *La Franja y la Ruta alcanza las costas de América Latina y el Caribe: Oportunidades y Desafíos*, Montevideo: Consejo Uruguayo para las Relaciones Internacionales, 2019.

③ OECD, "China's Belt and Road Initiative in the Global Trade, Investment and Finance Landscape", OECD, *OECD Business and Finance Outlook 2018*, Paris: OECD Publishing (2018): 3—44.

④ Rodríguez Bausero, Ramiro, "La Agenda Euroasiática: Visiones para Acercarnos a una Región lejana", *Revista Diplomática* (2018): 93—102.

⑤ Jiang, Shixue, "A New Look at the Chinese Relations", *Nueva Sociedad* 203 (2006): 1—18.

促进区域间贸易和增加价值链①。

"一带一路"建设的主要特点之一是高度重视基础设施投资,以促进经济发展,特别是全球范围内区域增长更加平衡、产业升级和可持续发展战略下国内经济的增长②。一些学者强调,该倡议的目的是给予世界其他国家增长机会,自其经济开放政策以来,中国在经济全球化条件下成为国际分工的一部分,利用其他国家的发展环境,在其开放的第二阶段,试图通过"一带一路"建设为世界其他国家提供机会和增长动力③。

乌拉圭是第一个加入"一带一路"倡议的南美国家,这表明该国在与中国的关系方面已经从落后到敏捷,在与中国的联系方面走在了前列④。自备忘录签署以来,"乌拉圭和中国一直在努力制定一个路线图,一个具体实施该倡议的行动计划"⑤。这些计划的具体化对于更具体地理解广泛项目的建立以及它们如何影响发展和关系至关重要;一旦计划被具体化,另一个阶段就会开始,在这个阶段将看到正式达成的协议计划将如何实现。

与中国签署谅解备忘录的决定并非临时起意,乌拉圭对该项目进行了分析,并以已加入的其他国家的类似案例为例,如新西兰。此外,乌拉圭现任政府已经确认成为亚洲投资银行的成员,并且正在努力与金砖国家(巴西、俄罗斯、印度、中国和南非)的新开发银行达成和解,这意味着乌拉圭可能成为第一个加入该银行的拉丁美洲国家(除巴西外)⑥。

乌拉圭和中国之间的密切关系也体现在 2018 年在庆祝建交 30 年的框架下,两国外交部长进行了交流,外交部长鲁道夫·宁诺沃亚(Rodolfo NinNovoa)

---

① Rodríguez Bausero, Ramiro, *La Franja y la Ruta Alcanza las Costas de América Latina y el Caribe: Oportunidades y Desafíos*, Montevideo: Consejo Uruguayo para las Relaciones Internacionales, 2019.

② OECD, "China's Belt and Road Initiative in the Global Trade, Investment and Finance Landscape", OECD, *OECD Business and Finance Outlook 2018*, Paris: OECD Publishing, 2018. 3—44.

③ Shang, Huping, *The Belt and Road Initiative: Key concepts*, Peking: Peking University Press, 2019.

④ Rodríguez Bausero, Ramiro, "La Agenda Euroasiática: Visiones para Acercarnos a una Región lejana", *Revista Diplomática* (2018): 93—102.

⑤⑥ Entrevista al Embajador de Uruguay en la República Popular China Fernando Lugris, Beijing, 3 de Agosto de 2021.

说:"30 年的外交关系,一直以稳定、互信和真诚的友谊为特点。这是一种多维的、平衡的、协商的关系,共同的长期愿景使我们形成了具有巨大增长和深化潜力的战略伙伴关系。"①

截至 2019 年,在疫情背景下,所谓的"结对安排"得到了加强,这一进程是由中国政府推动的,目的是与拉美的地方政府建立更密切的联系,增加这些地方政府作为国际行为参与者的影响力。反过来,联合国粮食及农业组织和国际关系部在制定和实施全球层面的倡议方面发挥了基本作用,如巩固这些结对安排。2018 年,乌拉圭全国市长会议与中国人民对外友好协会(成立于 1954 年)签署了一份意向书,以促进省市级政府与中国次国家级政府之间协议签署,尽管这些协议自 2016 年以来已经实际存在②。这些"兄弟"领土之间通过交流会议进行实时和持续的对话。我们可以看到,在乌拉圭和中国之间的文化和知识交流中,该协会已经成为一个纽带。

中国还在拉丁美洲建立并资助孔子学院,作为教授其语言和文化的一种方式。2016 年,中国在共和国大学设立孔子学院,并在 2017 年底举行了揭幕仪式③。乌拉圭与中国的关系超越了单纯的贸易关系,其重要性在于"我们认同联合国的价值观,作为发展中国家,我们相信南南合作,我们相信应对气候变化是人类的优先事项,在健康问题上加强与世卫组织的合作是保障人类生命的关键,我们相信联合国教科文组织是文化、科学和技术的基本组织……"④。

乌中关系的伟大成就得益于两国外交政策的稳定。在乌拉圭,新的政党在

---

① Carta del Ministro de Relaciones Exteriores del Uruguay Rodolfo Nin Novoa al Ministro de Relaciones Exteriores de la República Popular China Wang Yi, en el Marco de la Celebración del 30° Aniversario del Establecimiento de Relaciones Diplomáticas, 3 de Febrero de 2018, Comunicado de Prensa del Ministerio de Relaciones Exteriores del Uruguay N° 08/18, Ministerio de Relaciones Exteriores de Uruguay, Extraído de https://tratados.mrree.gub.uy/.
② Raggio, Andrés, "Actores Locales en las Relaciones Sino-latinoamericanas: El Caso de los Hermanamientos entre China y Uruguay", Merino, Gabriel Esteban, Lourdes María Regueiro Bello y Wagner Tadeu Iglecias, *Transiciones del siglo XXI y China: China y Perspectivas post Pandemia III*, Buenos Aires: CLACSO, 2021. 53—61.
③ Raggio Souto, Andrés y Roxana Beatriz Pesce Bassalle, "Los Institutos Confucio en América Latina: el caso Uruguayo", X Simposio Electrónico Internacional sobre Política China (2019): 1—23.
④ Entrevista al Embajador de Uruguay en la República Popular China Fernando Lugris, Beijing, 3 de Agosto de 2021.

乌拉圭年度报告(2020—2021)

2020年3月1日执政,与中国的友谊和联系仍旧在持续。总统路易斯·拉卡列·波乌曾表示,"乌拉圭和中国是很好的合作伙伴,遥远的地理距离从未阻碍过两国之间友好关系的发展"①。在2020年9月9日乌拉圭总统与中国国家主席习近平的电话交谈中,中国国家主席表示乌拉圭是第一个对中国新冠肺炎疫情局势表示声援的拉美国家;乌拉圭总统则对中国的成就表示钦佩。在这次对话中,中国还承诺从乌拉圭购买更多的农业和畜牧业产品以及增值产品,他们还同意在联合国成立75周年的框架内,为国际关系民主化和经济全球化而共同努力②。

在疫情背景下,中国在为乌拉圭提供疫苗方面扮演了重要的角色。从科兴公司实验室研发并送到乌拉圭的疫苗,使乌拉圭的疫苗接种计划得以开始推进③。这是两国良好关系产生的积极结果,两国不仅在经济上共同发展,在公共卫生方面也互助合作。

乌拉圭和中国之间关系的加强阶段与现任乌拉圭大使费尔南多·卢格里斯的任期相吻合。2015年在抵达中国之前,这位外交官会见了乌拉圭前几任大使、商会代表、大学和孔子学院的代表以及中国—乌拉圭社区的代表,目的是为了掌握历史背景,能够对有待解决的问题做出分析并为未来做出规划。他的目的是"试图理解他们对我们在这个特定时刻必须做的事情的看法,但最重要的是要延续这样一个事实:这是一个职位,一个人来到这里,有一些项目已经想好了,建好了,现在轮到我了,其中一些项目,尽力实现它们"④。在他担任驻北京大使馆大使期间,乌拉圭与中国合作意愿得到了加强,在文化关系、人与人之间的交流、大学关系和体育交流等方面,提升乌拉圭在中国知名度的想法得到了极大的支持。

在这一过程中,我们取得了一些重大的成就,例如将大使馆重新安置在新的楼宇,作为双边关系更新的象征,允许开展公共外交活动、经济和商业推广以及

---

①② Consejo de Relaciones Internacionales de América Latina, *Informe Celac-China: Avances hacia el 2021*, Santiago: RIAL (2020): 34.
③ "Las Primeras dosis llegan a Uruguay para Iniciar Plan de Vacunación Anti-covid", EFE (Montevideo), 26 de Febrero de 2021, https://www.efe.com/efe/america/sociedad/las-primeras-dosis-llegan-a-uruguay-para-iniciar-plan-de-vacunacion-anticovid/20000013-4474513.
④ Entrevista al Embajador de Uruguay en la República Popular China Fernando Lugris, Beijing, 3 de Agosto de 2021.

乌拉圭艺术家的长期展览。在有关部门的支持下,纳入更多的外交官和当地聘用的官员,以应对新的需求;在中国南部的广州开设总领事馆,在此之前,那里没有领事机构,而乌拉圭在那里的销售量超过了包括美国在内的其他国家;在重庆开设领事馆,标志着乌拉圭在中国西部的存在;牛肉和羊肉出口的飞跃,促使在大使馆开设了面向整个亚洲的国家肉类研究所。所有这些都是由于"我们已经意识到,在某些事情上我们应该采取更坚定、更快速的措施,而不是等待拉丁美洲其他国家做出决定"①。这表明,自1988年建立外交关系以来,乌拉圭和中国的关系在适应国际现实的基础上不断发展,乌拉圭在努力追赶世界与中国关系的方式方面,不再有退缩:现在是一种积极的联系,双方都把对方视为伙伴。

乌拉圭大使馆在中国知名度不断提高的一个主要例子是,在"一带一路"建设的关键时刻,乌方决定于2019年在重庆开设领事馆②。在乌拉圭之前,没有其他拉美国家在那里设立过领事办公室。因此,"我们是中国非常可靠的伙伴和稳定的朋友,但在某些方面可能有点被动,现在我们采取一些举措,主动把我们放在前台"③。卢格里斯大使强调,这是在他的"更公平的地域分配"愿景框架内进行的。乌拉圭主动出击、走在前列的战略也体现在其中央银行与中国中央银行的协议中,鼓励以人民币进行对外贸易,体现在推动南方共同市场和中国之间和睦关系以及其继续支持与拉美和加勒比国家共同体(CELAC)对话的态度④。

中国是一个拥有丰富自然资源和农业产品的国家,但中国不能满足其人口和工业的全部需求,这就是中国必须向世界开放的原因⑤。在这个意义上,乌拉圭扮演着重要的角色,因为它是原材料的生产国,这对中国十分重要。乌拉圭已经利用中国中产阶级的增长,为他们提供更多的产品消费,包括非传统的产品。

从图2可以看出,2001—2012年,双边贸易的趋势是对中国的进口多于出

---

①④ Entrevista al Embajador de Uruguay en la República Popular China Fernando Lugris, Beijing, 3 de Agosto de 2021.
②③ Consejo de Relaciones Internacionales de América Latina, *Informe Celac-China*:*Avances hacia el* 2021, Santiago:RIAL.
⑤ Fernández, Facundo, "Presencia de China en América Latina", *Revista Diplomática* (2018):161—168.

口。2013年起乌拉圭对中国的出口开始超过进口；同样,《乌拉圭21世纪报告》指出,从2013年开始,中国成为乌拉圭出口的主要目的地①。如果我们分析南美地区,"最突出的案例是乌拉圭,它以每年一个半百分点的速度改变对中国的定位。目前,中国是该国三大出口商品的主要市场:2017年,对中国的出口额度中,冷冻牛肉占53%,纤维素占50%,大豆占80%……事实上,乌拉圭是世界上中国市场重要性较大的国家之一"②。

由于疫情,2020年乌拉圭的出口和进口都出现了下降(见图2)。尽管如此,根据《乌拉圭21世纪报告》提供的数据,到2021年,由于出口的扩大,中国已经成为乌拉圭的主要贸易伙伴,因为中国目前占乌拉圭总出口额的32%,牛肉、木材、乳制品、肉类副产品、羊肉、羊毛和宝石的销售量都在增加;2021年1—7月间对中国出口总额的51%是牛肉,其次是木材,占12%。疫情后出口呈现恢复态势,增长主要集中在牛肉、纤维素、大豆、木材、浓缩饮料、麦芽、肉副产品和活牛的出口③。

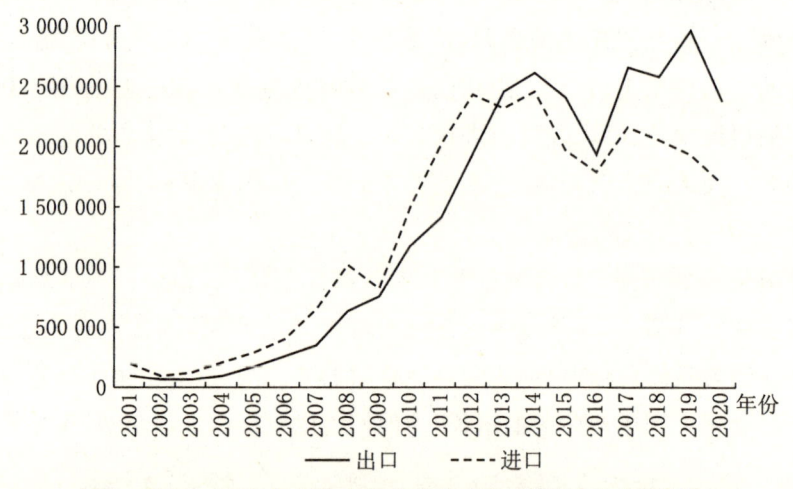

图2 2001—2020年乌拉圭与中国的进出口情况(以千美元计)
资料来源:作者根据从国际贸易中心获得的数据编写。

---

①③ Uruguay XXI, *Informe Mensual Comercio Exterior：Julio 2021. Mensual*, Montevideo：Uruguay XXI, 2021.
② Lalanne, Álvaro, *Posicionamiento del Uruguay en Exportaciones：Tendencias, Oportunidades y Restricciones*, Santiago：CEPAL (2019)：16—17.

乌拉圭与中国：日渐密切的两国关系

乌拉圭向中国出口的产品在数量和类型上都发生了重大转变，15年前人们没有想到乌拉圭向中国肉类的销售达到如此高的交易水平①。一些分析家认为，尽管这对乌拉圭来说是一个获取收益的机会，但也暗含着发展的脆弱性，对双边贸易的依赖和过度的专业化②，产生了一种新的中心—外围关系。一些研究者则指出，这是与中国的新外围关系③。这种集中的贸易增长需要扩大出口产品的范围，以减少需求变化可能带来的问题。然而，不可否认的是，"中国已经成为对乌拉圭国内生产总值影响最大的进口国。自2012年以来，它被定位为这个拉丁美洲国家的主要贸易伙伴，到2019年将吸收乌拉圭出口价值的近1/3"④。

另一方面，也有人认为，与中国的协议标志着乌拉圭与世界大国的贸易联系与历史上的不再相同，例如，19世纪与英国的贸易联系，或20世纪与美国的贸易联系，与它们达成的承诺是带有政治条件或意识形态的制约因素的，而与中国的协议却没有发生这种情况。正如德菲利佩·维拉（Defelipe Villa）所强调的那样，中国的政策是基于尊重政治和领土主权这一价值观⑤。"的确，对于乌拉圭来说，一个世界级大国的战略规定应该以尊重、平等、多元、互利、合作、开放、包容和无附加条件的原则为指导，这确实是一种创新。"⑥

近年来，中国国家主席习近平在不同场合多次强调"命运共同体"，它指的是"不同国家和地区之间的相互了解和理解，不同出身、信仰和文化的人的团结，不

---

① Entrevista al Embajador de Uruguay en la República Popular China Fernando Lugris, Beijing, 3 de Agosto de 2021.
② Lanzilotta, Bibiana, Santiago Rego y Paola Regueira, "Fluctuaciones Macroeconómicas en el Uruguay de las Últimas Décadas: Cambios en los Patrones de Volatilidad y Comovimientos Cíclicos", Harari, Leo, Mario Mazzeo y Cecilia Alemany, *Uruguay + 25: Documentos de investigación*, Montevideo: Trilce (2014): 117—132.
③ Bértola, Luis y Reto Bertoni, "Sinuosa y Convulsa: la Economía Uruguaya en el Último Medio Siglo", Harari, Leo, Mario Mazzeo y Cecilia Alemany, *Uruguay + 25: Documentos de Investigación*, Montevideo: Trilce (2014): 65—94.
④ Romero Wimer, Fernando y Pablo Senra Torviso, "Relaciones Diplomáticas entre la República Popular China y la República Oriental del Uruguay (1988—2020)", *Revista Interdisciplinaria de Estudios Sociales* (2020): 54—87.
⑤ Fernández, Facundo, "Presencia de China en América Latina", *Revista Diplomática* (2018): 161—168.
⑥ Rodríguez Bausero, Ramiro, *La Franja y la Ruta Alcanza las Costas de América Latina y el Caribe: Oportunidades y Desafíos*, Montevideo: Consejo Uruguayo para las Relaciones Internacionales (2019): 8.

仅表现出对所有人的容忍,而且表现出对主权的尊重和互利的意图"①。这种对世界和不同国家之间互惠的看法改变了国际关系的基础。它的前提是:各国不应相互攻击,试图从中获益,而是应该以合作为中心,探讨人类共同关心的话题和影响全人类生活的领域。

四、乌拉圭与中国关系面临的挑战

尽管乌拉圭和中国之间的关系已经取得了显著进展,在经济、商业、政治和文化方面都达到了前所未有的水平,但在经济发展方面仍有很多工作要做,如投资和拟定计划的落实。虽然已经采取了重要步骤,但乌拉圭必须将中国视为一个日益一体化的合作伙伴,将战略伙伴关系推进到各个领域,并将其发展成为一个以教育、文化、艺术和学术交流为重点的全面战略伙伴关系。

在贸易方面,最大的挑战之一是继续增加出口篮子里的产品。乌拉圭必须能够提供具有附加值的产品,如乳制品、葡萄酒、橄榄油,并扩大其已经输出到中国的其他产品的出口,如木材、大豆、农产品、柑橘类水果和大麦②。"乌拉圭面临的最大挑战之一在于如何改变单一的肉类出口。因为我们可以成为一个肉类国家,正如我们多年来都一直是羊毛国家……我们想要成为肉类国家,想要成为羊毛国家、想要成为木材国家、纤维素国家和大豆国家。我们愿意被看作服务的出口国,因为乌拉圭的服务业对于乌拉圭人的生活至关重要,而且创造了很多的就业机会,这是事实。这都是因为我们得天独厚的环境和人民的才干。"③

最重要的是,必须对那些影响乌拉圭劳动力市场改善的产品进行定位,并提高其进入中国市场的竞争力。因为中国还和其他国家签订了自由贸易协定,这些国家可以提供与乌拉圭类似的产品,比如澳大利亚和新西兰。

另一方面,"一带一路"倡议具有数字丝绸之路的维度。因此,将我们的数字经济与中国的数字经济相结合是非常必要的。这可以为乌拉圭开发其他类型的产品提供机会,例如软件业。乌拉圭正在根据这一战略愿景采取行动,其中的一

---

① Raggio Souto, Andrés y Roxana Beatriz Pesce Bassalle, "Los Institutos Confucio en América Latina: el Caso Uruguayo", X Simposio Electrónico Internacional sobre Política China (2019): 1—23.

②③ Entrevista al Embajador de Uruguay en la República Popular China Fernando Lugris, Beijing, 3 de Agosto de 2021.

个例子是决定在广州开设总领事馆,因为广州是信息技术的发展地。同样,鉴于乌拉圭并不属于中拉传统旅行计划的一部分,一个促进旅游业发展的进程已经开始,这方面的一个重要举措,就是承认中国护照的签证,并为移民提供便利①。

乌拉圭曾多次表示希望接待中国游客,如2013年总统何塞·穆希卡访问中国时,他曾明确表示希望看到更多中国游客到访乌拉圭②。2021年2月,现任中国驻乌拉圭大使王刚曾估计,可能会有1万—2万名中国游客涌入③。为此,乌拉圭需要有能够满足中国游客需求的基础设施,并在文化层面同中国更加紧密地联系在一起。此外,为所有在乌拉圭拥有公司(如力帆、华为、中粮)的商人提供为期10年的签证,使他们更加稳定且有保障④。

另外,如何在公路、港口、制冷、铁路等方面获得中国更多的直接投资,对乌拉圭来说也是一个挑战。正如王刚大使所说的那样,这是一个基本因素,"在双边关系中,这是我们的一个薄弱点,因为中国目前是世界上主要的投资者;然而,中国在乌拉圭的投资非常少,特别是与该地区的其他国家相比"⑤。很多时候,由于建设可能对环境产生影响,并因此受到媒体的严厉批评,乌拉圭并没有实施上述深水港的投资项目,这些项目有可能在未来重新启动。

在"一带一路"倡议和中国私营部门的支持下,乌拉圭有望成为南美洲的门户。乌拉圭会建立一个自由港体系和一个与之相连的自由贸易区,并出台对投资者有利的制度。但要实现这一愿景,乌拉圭必须更加积极主动地开发中国青睐的项目,持续乌拉圭的稳定并明确乌拉圭的报价,这对贸易往来十分有利。"我们是南大西洋的物流节点,是南美洲粮食的生产节点,是将粮食运往中国的运输节点,是信息技术的重要环节。我们拥有有效的自由贸易区和可用于这一

---

①④ Entrevista al Embajador de Uruguay en la República Popular China Fernando Lugris, Beijing, 3 de Agosto de 2021.

② "Misión Presidencial a China", Presidencia de la República (Montevideo), https://www.gub.uy/ministerio-relaciones-exteriores/comunicacion/noticias/mision-presidencial-china.

③ Javier Lyonnet Bonti, "Pensamos que Pueden llegar a Uruguay 10.000 o 20.000 Turistas de China", Hosteltur, https://www.hosteltur.com/lat/142615_pensamos-que-puedan-llegar-a-uruguay-10000-o-20000-turistas-de-china.html.

⑤ "Uruguay-China: Una Relación que Crece y se Consolida", Somos Uruguay, https://www.somosuruguay.com.uy/index.php/empresariales/item/1029-impactos-de-la-pandemia-en-las-relaciones-de-trabajo.html.

倡议的国家人才。"①

结　语

　　乌拉圭与中国自 1988 年以来经历的渐进过程促成了卓有成效的和睦关系，这使两国成为彼此高度信赖且稳定的合作伙伴。1988 年之前两国在外交关系上取得的进展，成为两国贸易、交流和计划实现的奠基石，它们在 20 世纪 80 年代复杂的乌拉圭政治斗争中迈出了重要的一步。以长远的眼光来看，中国提供的可能性，以及恩里克·伊格莱西亚斯等在这方面做出的努力是完全正确的。

　　乌拉圭与中国关系的发展历经的三个阶段表明，尽管乌拉圭有时行动并不敏捷，但凭借坚定的举措，自 2016 年起，已进入双边发展动力强劲的阶段。近年来，由于乌拉圭一直在扩大产品出口，并为新的互通创造机会。乌拉圭从在已经与中国建交的国家后面追赶，到主动与中国建立积极的关系，坚定地签订条约，建立领事馆，将政府部门及市政府与中国城市结对，开展学术和文化交流，在本土开设中国相关的教育机构，如中国学校和孔子学院，以及增加与中国的贸易额。

　　未来仍有许多工作要做，特别是那些已经达成的协议，应该将它们转化为两国切实的发展和实际成果。两国应继续沿着这条道路前进，并在那些尚未完成的项目上推动进展，如"一带一路"倡议，创新的热情和协议的巩固必须转化为具体行动。

---

① Entrevista al Embajador de Uruguay en la República Popular China Fernando Lugris, Beijing, 3 de Agosto de 2021.

图书在版编目(CIP)数据

乌拉圭年度报告：2020—2021 / 佟亚维，王珍娜主编.— 上海：上海社会科学院出版社，2022
 ISBN 978-7-5520-3990-0

Ⅰ.①乌… Ⅱ.①佟…②王… Ⅲ.①乌拉圭—概况—研究报告—2020-2021 Ⅳ.①K978.2

中国版本图书馆 CIP 数据核字(2022)第 198067 号

乌拉圭年度报告(2020—2021)

主　　编	佟亚维　王珍娜
责任编辑	董汉玲
封面设计	裘幼华
出版发行	上海社会科学院出版社
	上海顺昌路 622 号　邮编 200025
	电话总机 021-63315947　销售热线 021-53063735
	http://www.sassp.cn　E-mail: sassp@sassp.cn
照　　排	南京理工出版信息技术有限公司
印　　刷	上海天地海设计印刷有限公司
开　　本	710 毫米×1010 毫米　1/16
印　　张	9.5
插　　页	2
字　　数	158 千
版　　次	2022 年 11 月第 1 版　2022 年 11 月第 1 次印刷

ISBN 978-7-5520-3990-0/K·668　　　　　　　定价：65.00 元

版权所有　翻印必究